The Six Language Picture Aid

By the same author:

The English Aid
The English Afrikaans Xhosa Zulu Aid
Die Afrikaanse Makro Gids
The Macro English Aid
Feitegids

The Six Language Picture Aid

Isabel Uys

Protea Book House
Pretoria
2008

First edition, first impression in 2008 by Protea Book House
PO Box 35110, Menlopark, 0102
1067 Burnett Street, Hatfield, Pretoria
8 Minni Street, Clydesdale, Pretoria
protea@intekom.co.za
www.proteaboekhuis.co.za

Editing: Jeanette Ferreira
Editors: Karen Horn and Carina Diedericks-Hugo
Cover design: Elrene Jones, Discover Design & Photography cc, Pretoria
Set in VagPierewiet 10 on 12 pt by Elrene Jones, Discover Design & Photography cc, Pretoria
Printed and bound by ABC Press, Cape Town

© 2008 by Isabel Uys
ISBN 978-1-86919-211-2

16.	Animals	Diere	Izilwanyana	Izilwane	Diphoofolo	Diphologolo	46
17.	Food	Kos	Ukutya	Ukudla	Dijo	Dijo	61
18.	Drinks	Dranke	Iziselo	Iziphuzo	Dino	Dino	66
19.	Fruit	Vrugte	Isiqhamo	Izithelo	Dienywa	Maungo	68
20.	Vegetables	Groente	Imifuno	Imifino	Merogo	Merogo	72
21.	Flowers	Blomme	Iintyatyambo	Izimbali	Matšoba	Dithunya	75
22.	Careers	Beroepe	Imisebenzi	Imisebenzi	Boithutedi	Boithuto	77
23.	House	Huis	Indlu	Indlu	Ngwako	Ntlo	87
24.	Kitchen	Kombuis	Ikhitshi	Ikhishi	Khitšhi	Khitšhi	90
25.	Lounge	Sitkamer	Ilawunji	Ilawunji	Lontšhe	Lontšhe	99
26.	Bedroom	Slaapkamer	Igumbi lokulala	Ikamelo lokulala	Borobalelo	Borobalo	102
27.	Bathroom	Badkamer	Igumbi lokubhafa	Ibhavulumu	Bohlapelo	Botlhapelo	105
28.	Garden	Tuin	Igadi	Ingadi	Serapa	Segotlo	108
29.	Farm	Plaas	Ifama	Ipulazi	Polasa	Polase	112
30.	Town	Stad	Idolophu	Idolobha	Toropo	Toropo	115
31.	Station	Stasie	Isitishi	Isiteshi	Seteišene	Seteišene	117
32.	Post office	Poskantoor	Iposi	Iposi	Poskantoro	Posong	119
33.	School	Skool	Isikolo	Isikole	Sekolo	Sekolo	121
34.	Hospital	Hospitaal	Isibhedlele	Isibhedlela	Sepetlele	Sepetlele	124
35.	Disease	Siekte	Isifo	Isifo	Bolwetši	Bolwetse	126

36.	Workshop	Werkswinkel	Indlu	Ishabhu	Bošomelo	Bodirelo	131
37.	Sea	See	Ulwandle	Ulwandle	Lewatle	Lewatle	135
38.	Transport	Vervoer	Isithuthi	Intilasipoti	Thotho	Dinamelwa	137
39.	Sport	Sport	Imidlalo	Imidlalo	Dipapadi	Metshameko	141
40.	Music	Musiek	Umculo	Umnyuziki	Mmino	Mmino	146
41.	Geography	Aardrykskunde	Ijografi	Ijiyogilafu	Thutafase	Thutafatshe	149
42.	General	Algemeen	Jikelele	Vamile	Kakaretšo	Kakaretso	155
43.	Plural	Meervoud	Isininzi	Ubuningi	Bontšhi	Bontsi	163
44.	Useful words	Nuttige woorde	Amagama aluncedo	Amagama anosizo	Mantšu a a thušago	Mafoko a a thusang	187
45.	Phrases	Frases	Amabinzana	Amabinzana	Dikafoko	Dikapolelo	191

To Shannon and Mia

E	English	COAT OF ARMS	Z	Zulu	ISIPHANDLA
A	Afrikaans	LANDSWAPEN	N	Northern Sotho	SEFOKA
X	Xhosa	UMFUZISELO	T	Tswana	SEKANO

E	English	MOTTO		Z	Zulu	ISAGA
A	Afrikaans	LEUSE		N	Northern Sotho	MOANO
X	Xhosa	ISACI		T	Tswana	MOONO

!KE E: /XARRA //K

E	Diverse people unite
A	Eenheid in verskeidenheid
X	Bantu abahlukeneyo manyanani
Z	Bantu abahlukahlukene hlanganani
N	Batho bao ba fapanego ba a kopana
T	Batho ba merafe e e farologaneng ba kopane

E	English	NATIONAL ANTHEM		Z	Zulu	IHUBO LESIZWE
A	Afrikaans	VOLKSLIED		N	Northern Sotho	KOŠA YA SETŠHABA
X	Xhosa	UHOBE WESIZWE		T	Tswana	PINA YA BOSETŠHABA

Nkosi sekelel' iAfrika
Maluphakanyisw' uphondo lwayo,
Yizwa imithandazo yethu,
Nkosi sikelela, thina lusapho lwayo

Morena boloka setjhaba sa heso,
O fedise dintwa le matshwenyeho.
O se boloke, o se boloke setjhaba sa heso,
Setjhaba sa South Afrika, South Afrika

Uit die blou van onse hemel,
Uit die dieptes van ons see,
Oor ons ewige gebergtes,
Waar die kranse antwoord gee,

Sounds the call to come together,
And united we shall stand,
Let us live and strive for freedom,
In South Africa our land.

E	English	NATIONAL SYMBOLS	Z	Zulu	IZIMPAWU ZESIZWE
A	Afrikaans	NASIONALE SIMBOLE	N	Northern Sotho	DIKA TŠA BOSETŠHABA
X	Xhosa	IMIQONDISO KAZWELONKE	T	Tswana	MATSHWAO A SA BOSETŠHABA

E National flag
A Nasionale vlag
X Iflegi yesizwe
Z iFulegi yesizwe
N Folaga ya setšhaba
T Folaga ya setšhaba

E Tree: Real Yellowwood (*Podocarpus latifolius*)
A Boom: Opregte geelhout
X Umthi: Uqobo lomkhoba
Z Umuthi: Umsonti
N Sehlare: Mogobagoba
T Setlhare: Mogobagoba

E Flower: Giant/King Protea (*Protea cynaroides*)
A Blom: Reuse-/Koningsprotea
X Intyatyambo: Isiqwane
Z Imbali: iMbali iProthiya
N Letšoba: Mohlakomogola
T Sethunya: Motlhakomogolo

E Animal: Springbuck/Springbok (*Antidorcas marsupialis*)
A Dier: Springbok
X Isilwanyana: Ibhadi
Z Isilwane: Insephe
N Phoofolo: Tshepe
T Phologololo: Tshepe

E Bird: Blue Crane (*Anthropoides paradisia*)
A Voël: Bloukraanvoël
X Intaka: Indwe
Z Inyoni: Indwa
N Nonyana: Mogolodi
T Nonyane: Mogolodi

E Fish: Galjoen (*Coracinus capensis*)
A Vis: Galjoen
X Intlanzi: iGalyoni
Z Inhlanzi: iGalijuni
N Hlapi: Kaljone
T Tlhapi: Galejone

E	English	FORMS OF GREETING	Z	Zulu	INZINDLELA ZOKUBINGELELA
A	Afrikaans	MANIERE OM TE GROET	N	Northern Sotho	MEKGWA YA GO DUMEDIŠA
X	Xhosa	IINDLELA ZOKUBULISA	T	Tswana	MEKGWA YA GO DUMEDISA

E Go well (one person)
A Laat dit goed gaan
X Hamba kakuhle
Z Hamba kahle
N Sepela gabotse
T Tsamayang sentle

E Go well (a group)
A Laat dit goed gaan
X Nihambe kakuhle
Z Hambani kahle
N Sepelang gabotse
T Tsamayang sentle

E Good afternoon (one person)
A Goeiemiddag
X Molo
Z Sawubona
N Dumela
T Dumela

E Good afternoon (a group)
A Goeiemiddag
X Molweni
Z Sanibona
N Dumelang
T Dumelang

E Goodbye
A Totsiens
X Sala kakuhle
Z Sala kahle
N Šala gabotse
T Sala sentle

E Good evening (one person)
A Goeienaand
X Molo
Z Sawubona
N Dumela
T Dumela

E Good evening (a group)
A Goeienaand
X Molweni
Z Sanibona
N Dumelang
T Dumelang

E Good morning (a group)
A Goeiemôre
X Molweni
Z Sanibona
N Dumelang
T Dumelang

E Good night (a group)
A Goeienag
X Nilale kakuhle
Z Nilale kahle
N Le robale gabotse
T Lo robaleng sentle

E Hello (a group)
A Hallo
X Molweni
Z Sanibona
N Dumelang
T Dumelang

E Good morning (one person)
A Goeiemôre
X Molo
Z Sawubona
N Dumela
T Dumela

E Good night (one person)
A Goeienag
X Ulale kakuhle
Z Ulale kahle
N Ga e be boroko
T O robale sentle

E Hello (one person)
A Hallo
X Molo
Z Sawubona
N Dumela
T Dumela

E	English	NUMBERS	Z	Zulu	IZINOMBOLO
A	Afrikaans	GETALLE	N	Northern Sotho	DINOMORO
X	Xhosa	AMANANI	T	Tswana	DINOMORO

E	one
A	een
X	isinye
Z	kunye
N	tee
T	nngwe

1

E	two
A	twee
X	isibini
Z	kubili
N	pedi
T	pedi

2

E	three
A	drie
X	isithathu
Z	kuthathu
N	tharo
T	tharo

3

E	four
A	vier
X	isine
Z	kune
N	nne
T	nne

4

E	five
A	vyf
X	isihlanu
Z	kuhlano
N	hlano
T	tlhano

5

E	six
A	ses
X	isithandathu
Z	isithupha
N	tshela
T	thataro

6

E	seven	7
A	sewe	
X	isixhenxe	
Z	isikhombisa	
N	šupa	
T	supa	

E	eight	8
A	agt	
X	isibhozo	
Z	isishiyagalombili	
N	seswai	
T	robedi	

E	nine	9
A	nege	
X	ithoba	
Z	isishiyagalolunye	
N	senyane	
T	robongwe	

E	ten	10
A	tien	
X	ishumi	
Z	ishumi	
N	lesome	
T	lesome	

E	twenty	20
A	twintig	
X	amashumi amabini	
Z	amashumi amabili	
N	masomepedi	
T	masomamabedi	

E	thirty	30
A	dertig	
X	amashumi amathathu	
Z	amashumi amathathu	
N	masometharo	
T	masomamararo	

E	forty
A	veertig
X	amashumi amane
Z	amashumi amane
N	masomemenne
T	masomamane

40

E	fifty
A	vyftig
X	amashumi amahlanu
Z	amashumi amahlanu
N	masomehlano
T	masomamatlhano

50

E	sixty
A	sestig
X	amashumi amathandathu
Z	amashumi ayisithupha
N	masometshela
T	masomamarataro

60

E	seventy
A	sewentig
X	amashumi asixhenxe
Z	amashumi ayisikhombisa
N	masomešupa
T	masomasupa

70

E	eighty
A	tagtig
X	amashumi asibhozo
Z	amashumi ayisishiyagalombili
N	masomeseswai
T	masomarobedi

80

E	ninety
A	neëntig
X	amashumi alithoba
Z	amashumi ayisishiyagalolunye
N	masomesenyane
T	masomarobongwe

90

E	hundred	
A	honderd	
X	ikhulu	**100**
Z	ikhulu	
N	lekgolo	
T	lekgolo	

E	thousand	
A	duisend	
X	iwaka	**1 000**
Z	inkulungwane	
N	sekete	
T	sekete	

E	million	
A	miljoen	
X	isigidi	**1 000 000**
Z	isigidi	
N	milione	
T	mileone	

E	billion	
A	biljoen	
X	isigidi sezigidi	**1 000 000 000**
Z	isigidi sezigidi	
N	bilione	
T	bilione	

E	dozen	
A	dosyn	
X	idazini	**12**
Z	idazini	
N	tosene	
T	tosene	

E	zero	
A	nul	
X	unothi	**0**
Z	iqanda	
N	nnoto	
T	lefela	

E	English	COLOURS	Z	Zulu	IMBALA
A	Afrikaans	KLEURE	N	Northern Sotho	MEBALA
X	Xhosa	IMBALA	T	Tswana	MEBALA

E	black
A	swart
X	mnyama
Z	mnyama
N	ntsho
T	ntsho

E	blue
A	blou
X	iblowu/luhlaza
Z	zulucwathile
N	tala
T	tala

E	brown
A	bruin
X	ntsundu
Z	nsundu
N	tshothma
T	rokwa

E	green
A	groen
X	luhlaza
Z	luhlaza
N	tala
T	tala

E	grey
A	grys
X	ngwevu
Z	mpunga
N	pududu
T	kwebu

E	orange
A	oranje
X	orenji
Z	wolintshi
N	modipa
T	bonamune

E pink	
A pienk	
X pinki	
Z bomvana	
N pinki	
T pinki	

E purple	
A pers	
X mfusa	
Z bunsomi	
N perese	
T perese	

E red	
A rooi	
X bomvu	
Z bomvu	
N hwibidu	
T hibidu	

E turquoise	
A turkoois	
X ilitye lexabiso	
Z itshe eliluhlaza	
N thekoise	
T botala	

E white	
A wit	
X mhlophe	
Z mhlophe	
N tšhweu	
T bosweu	

E yellow	
A geel	
X lubhelu	
Z liphuzi	
N modipa	
T setlha	

E	English	SHAPES	Z	Zulu	IZIMO
A	Afrikaans	VORMS	N	Northern Sotho	DIBOPEGO
X	Xhosa	UKUMA	T	Tswana	DIBOPEGO

E	circle
A	sirkel
X	isangqa
Z	isiyingi
N	sediko
T	sediko

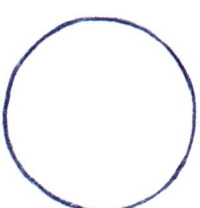

E	cone
A	keël
X	ibhumbulu
Z	ikhoni
N	khouni
T	topo

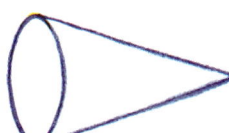

E	cube
A	kubus
X	ikyubhu
Z	ikhyubhu
N	pepegotaese
T	popegotaese

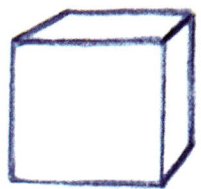

E	cylinder
A	silinder
X	isilinda
Z	isilinda
N	silintere
T	selennere

E	diamond
A	diamant
X	idayimani
Z	idayimani
N	taamane
T	teemane

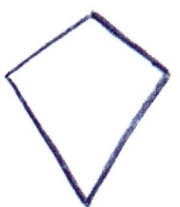

E	heart
A	hart
X	intliziyo
Z	inhliziyo
N	pelo
T	pelo

E hexagon	
A seshoek	
X unxantandathu	
Z unxasithupa	
N khutlotshela	
T sekhutlothataro	

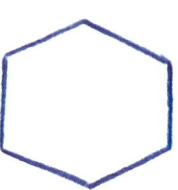

E oblong	
A reghoek	
X uxande	
Z iobhlongi	
N motopo	
T motopo	

E octagon	
A agthoek	
X imbombo-sibhozo	
Z unxasishiyagalombili	
N khutloseswai	
T sekhutlorobedi	

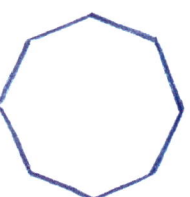

E pentagon	
A vyfhoek	
X umbombo-ntlanu	
Z unxanhlano	
N pentakono	
T sekhutlotlhano	

E rectangle	
A reghoek	
X uxande	
Z unxande	
N khutlonnethwi	
T khutlonne	

E semicircle	
A halfsirkel	
X usingasangqa	
Z umkhumbi	
N hafosediko	
T halafosediko	

E	square
A	vierkant
X	isikwere
Z	isikwele
N	sekwere
T	sekwere

E	star
A	ster
X	inwenkwezi
Z	inkanyezi
N	naledi
T	naledi

E	triangle
A	driehoek
X	unxantathu
Z	unxantathu
N	khutlotharo
T	khutlotharo

E	English	DAYS	Z	Zulu	IZINSUKU
A	Afrikaans	DAE	N	Northern Sotho	MATŠATŠI
X	Xhosa	IINTSUKU	T	Tswana	MALATSI

E Monday
A Maandag
X uMvulo
Z uMsombuluko
N Mošupologo
T Mosupologo

E Tuesday
A Dinsdag
X uLwesibini
Z uLwesibili
N Labobedi
T Labobedi

E Wednesday
A Woensdag
X uLwesithathu
Z uLwesithathu
N Laboraro
T Laboraro

E Thursday
A Donderdag
X uLwesine
Z uLwesine
N Labone
T Labone

E Friday
A Vrydag
X uLwesihlanu
Z uLwesihlanu
N Labohlano
T Labotlhano

E Saturday
A Saterdag
X uMgqibelo
Z uMgqibelo
N Mokibelo
T Sateretaga

E Sunday
A Sondag
X iCawa
Z iSonto
N Sontaga
T Sontaga

E	English	MONTHS	Z	Zulu	IZINYANGA
A	Afrikaans	MAANDE	N	Northern Sotho	DIKGWEDI
X	Xhosa	IINYANGA	T	Tswana	DIKGWEDI

E	January
A	Januarie
X	uJanuwari
Z	uJanuwari
N	Janaware
T	Janawari

E	February
A	Februarie
X	uFebruwari
Z	uFebruwari
N	Febreware
T	Feberewari

E	March
A	Maart
X	uMatshi
Z	uMashi
N	Matšhe
T	Matšhe

E	April
A	April
X	uAprili
Z	uAprili
N	Aporele
T	Aporele

E	May
A	Mei
X	uMeyi
Z	uMeyi
N	Mei
T	Mei

E	June
A	Junie
X	uJuni
Z	uJuni
N	June
T	June

E	July
A	Julie
X	uJulayi
Z	uJulayi
N	Julae
T	Julae

E	August
A	Augustus
X	uAgasti
Z	uAgasti
N	Agostose
T	Agosete

E	September
A	September
X	uSeptemba
Z	uSepthemba
N	Setemere
T	Setemere

E	October
A	Oktober
X	uOktobha
Z	uOkthoba
N	Oktobore
T	Okotobore

E	November
A	November
X	uNovemba
Z	uNovemba
N	Nofemere
T	Nofemere

E	December
A	Desember
X	uDisemba
Z	uDisemba
N	Desemere
T	Disemere

E	English	SEASONS	Z	Zulu	IZIKHATHI ZONYAKA
A	Afrikaans	SEISOENE	N	Northern Sotho	DIKGA TŠA NGWAGA
X	Xhosa	AMAXESHA ONYAKA	T	Tswana	DITLHA TSA NGWAGA

E	spring
A	lente
X	intwasahlobo
Z	intwasahlobo
N	seruthwana
T	dikgakologo

E	summer
A	somer
X	ihlobo
Z	ihlobo
N	selemo
T	selemo

E	autumn
A	herfs
X	ukwindla
Z	ikwindla
N	seregana
T	letlhafula

E	winter
A	winter
X	ubusika
Z	ubusika
N	marega
T	mariga

E	English	THE BODY	Z	Zulu	UMZIMBA
A	Afrikaans	DIE LIGGAAM	N	Northern Sotho	MMELE
X	Xhosa	UMZIMBA	T	Tswana	MMELE

E	abdomen
A	buik
X	isisu
Z	isisu
N	mpa
T	mpa

E	ankle
A	enkel
X	iqatha
Z	iqakala
N	kokoilane
T	legwejana

E	arm
A	arm
X	ingalo
Z	ingalo
N	letsogo
T	letsogo

E	back
A	rug
X	umhlana
Z	umhlane
N	mokokotlo
T	mokwatla

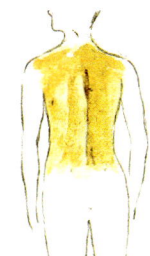

E	beard
A	baard
X	iindevu
Z	isilevu
N	ditedu
T	ditedu

E	big toe
A	groottoon
X	ubhontsi
Z	uqukula
N	monwana wo mogolo
T	monwanakgolo

E	blood	
A	bloed	
X	igazi	
Z	igazi	
N	madi	
T	madi	

E	bone	
A	been	
X	ithambo	
Z	ithambo	
N	lerapo	
T	lerapo	

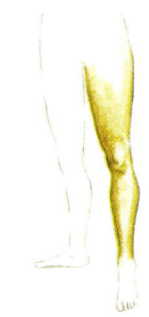

E	brain	
A	brein	
X	ubuchopho	
Z	ubuchopho	
N	bjoko	
T	boboko	

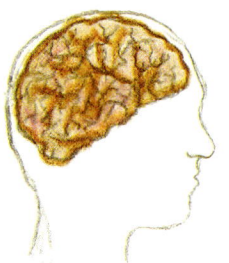

E	cheek	
A	wang	
X	isidlele	
Z	isihlathi	
N	lerama	
T	lerama	

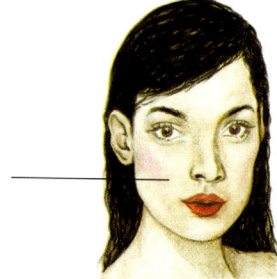

E	chest	
A	bors	
X	isifuba	
Z	isifuba	
N	sehuba	
T	sehuba	

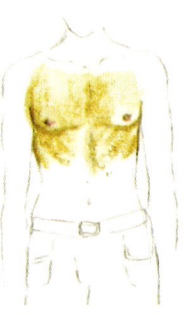

E	chin	
A	ken	
X	isilevu	
Z	isilevu	
N	seledu	
T	seledu	

E	ear
A	oor
X	indlebe
Z	indlebe
N	tsebe
T	tsebe

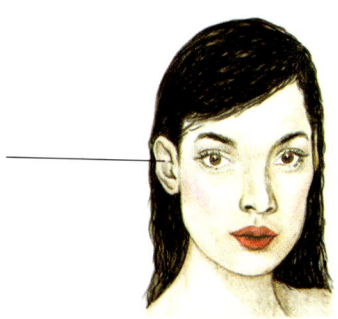

E	elbow
A	elmboog
X	ingqiniba
Z	indololwane
N	sejabana
T	sekgono

E	eye
A	oog
X	iliso
Z	iso
N	leihlo
T	leitlho

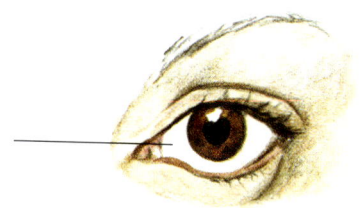

E	eyebrow
A	wenkbrou
X	ishiya
Z	ishiya
N	ntšhikgolo
T	losi

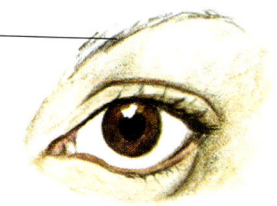

E	eyelash
A	ooghaar
X	umsebe
Z	ukhophe
N	ntšhi
T	ntshi

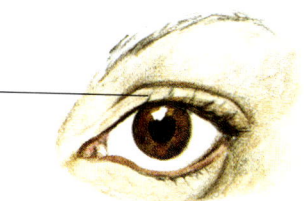

E	face
A	gesig
X	ubuso
Z	ubuso
N	sefahlogo
T	sefatlhego

E	finger	
A	vinger	
X	umnwe	
Z	umunwe	
N	monwana	
T	monwana	

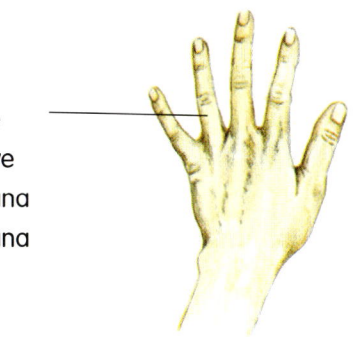

E	fist	
A	vuis	
X	inqindi	
Z	inqindi	
N	feisi	
T	lebole	

E	foot	
A	voet	
X	unyawo	
Z	unyawo	
N	leoto	
T	lenao	

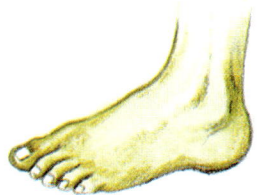

E	forefinger	
A	wysvinger	
X	unkomba	
Z	inkomba	
N	tšhupabaloi	
T	supabaloi	

E	forehead	
A	voorkop	
X	ibunzi	
Z	ibunzi	
N	phatla	
T	phatla	

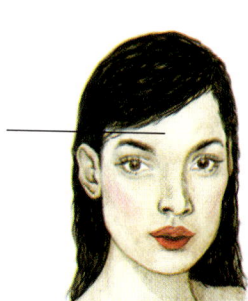

E	hair	
A	hare	
X	iinwele	
Z	izinwele	
N	moriri	
T	moriri	

E	hand
A	hand
X	isandla
Z	isandla
N	seatla
T	seatla

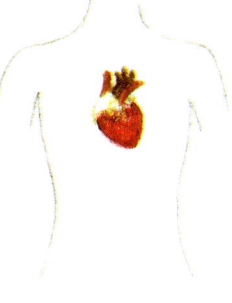

E	heart
A	hart
X	intliziyo
Z	inhliziyo
N	pelo
T	pelo

E	hip
A	heup
X	inyonga
Z	inqulu
N	noka
T	noka

E	head
A	kop
X	intloko
Z	ikhanda
N	hlogo
T	tlhogo

E	heel
A	hak
X	isithende
Z	isithende
N	serethe
T	serethe

E	kidney
A	nier
X	intso
Z	inso
N	pshio
T	philo

E	knee
A	knie
X	idolo
Z	idolo
N	letolo
T	lengole

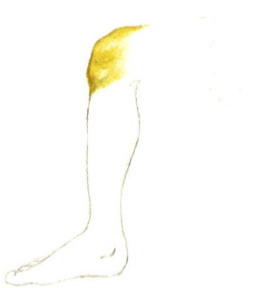

E	leg
A	been
X	umlenze
Z	umlenze
N	leoto
T	leoto

E	lip
A	lip
X	umlebe
Z	udebe
N	molomo
T	pounama

E	little finger
A	pinkie
X	ucikicane
Z	ucikicane
N	manapanyane
T	monnyennye

E	lung
A	long
X	umphunga
Z	iphaphu
N	leswafo
T	lekgwafo

E	moustache
A	snor
X	ibhovu
Z	idevu
N	tedu
T	tedu

E mouth	
A mond	
X umlomo	
Z umlomo	
N molomo	
T molomo	

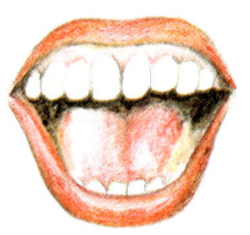

E navel	
A naeltjie	
X inkaba	
Z inkaba	
N mokhubo	
T khubo	

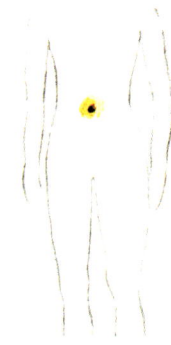

E neck	
A nek	
X intamo	
Z intamo	
N molala	
T molala	

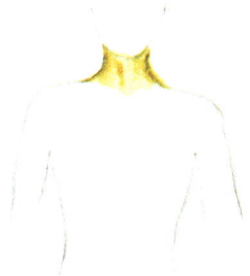

E nose	
A neus	
X impumlo	
Z ikhala	
N nko	
T nko	

E rib	
A rib	
X ubambo	
Z ubambo	
N kgopo	
T legopo	

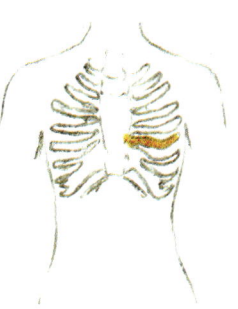

E shin	
A skeen	
X uxhongo	
Z ugalo	
N moomo	
T mosetlase	

E	shoulder
A	skouer
X	igxalaba
Z	ihlombe
N	legetla
T	legetla

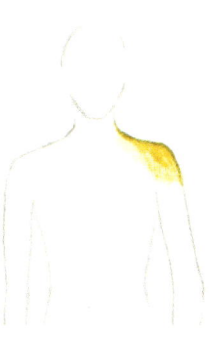

E	skeleton
A	geraamte
X	uphahla lomzimba
Z	uhlaka lomzimba
N	marapo a mmele
T	letlhotlholo

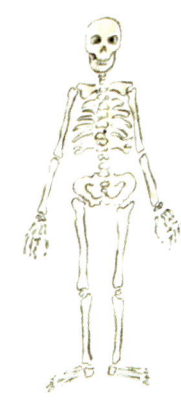

E	skull
A	skedel
X	ukhakhayi
Z	ugebhezi lwekhanda
N	legata
T	legata

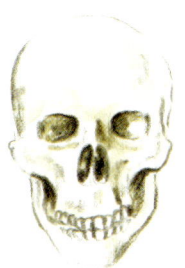

E	stomach
A	maag
X	isisu
Z	isisu
N	mpa
T	mpa

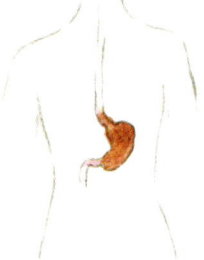

E	thumb
A	duim
X	isithupha
Z	isithupha
N	monotona
T	kgonojwe

E	toe
A	toon
X	uzwane
Z	uzwane
N	monwana wa leoto
T	monwana

E	toenail
A	toonnael
X	uzipho lozwane
Z	uzipho lozwane
N	lenala la monwana wa leoto
T	lonala lwa leoto

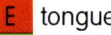

E	tongue
A	tong
X	ulwimi
Z	ulimi
N	leleme
T	leleme

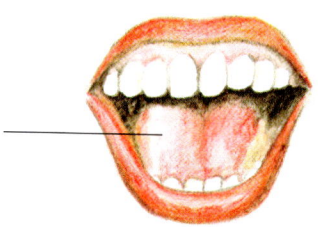

E	tooth
A	tand
X	izinyo
Z	izinyo
N	leino
T	leino

E	waist
A	middellyf
X	isinqe
Z	ukhalo
N	letheka
T	letheka

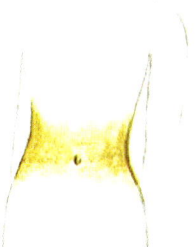

E	wrist
A	pols
X	isihlahla
Z	isihlakala
N	lenakaila
T	letlhalela

E	English	CLOTHES	Z	Zulu	IZINGUBO
A	Afrikaans	KLERE	N	Northern Sotho	DIAPARO
X	Xhosa	IIMPAHLA	T	Tswana	DIAPARO

E	apron
A	voorskoot
X	ifaskoti
Z	ifasikoti/iphinifo
N	thetho
T	khiba

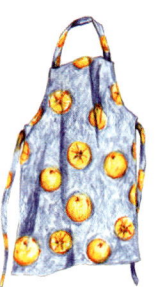

E	bikini
A	bikini
X	ibhikini
Z	ibhigini
N	pikini
T	bikini

E	blouse
A	bloes
X	iblawuzi
Z	ibhulawuzi
N	polause
T	bolaose

E	belt
A	gordel
X	ibhanti
Z	ibhande
N	lepanta
T	lebanta

E	blazer
A	kleurbaadjie
X	ibleyiza
Z	ibhuleyiza
N	poleisara
T	boleisara

E	bonnet
A	kappie
X	ibhonethi
Z	ibhonethe
N	kapi
T	kapi

E	boot
A	stewel
X	ibhuthi
Z	ibhuthi
N	putsi
T	butshe

E	bra
A	bra
X	ibra
Z	ubra
N	poti
T	bodi

E	buckle
A	gespe
X	iqhosha
Z	ikhongco
N	kgokedi
T	sekopelo

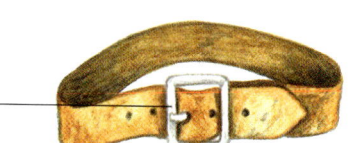

E	button
A	knoop
X	iqhosha
Z	inkinobho
N	konopi
T	konopo

E	buttonhole
A	knoopsgat
X	umngxuma weqhosha
Z	imbobo yenkinobho
N	lešoba la konopi
T	leroba la konopo

E	cap
A	pet
X	ikepusi
Z	ikepisi
N	kepisi
T	kepisi

E	coat
A	jas
X	idyasi
Z	ijazi
N	jase
T	jase

E	cuff
A	mouboordjie
X	isihlahla somkhono
Z	umphetho womkhono wengubo
N	khafo
T	setlhalela

E	dressing gown
A	kamerjas
X	igawuni yokuvuka
Z	igawuni yokulala
N	kamorejase
T	japono

E	collar
A	kraag
X	ikhola
Z	ukhala
N	kholoro
T	kholoro

E	dress
A	rok
X	ilokhwe
Z	ilokwe
N	mosese
T	mosese

E	glove
A	handskoen
X	iglavi
Z	igilavu
N	tlelafo
T	hanasekhune

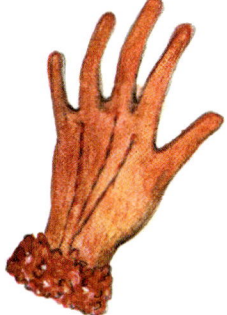

E	handkerchief
A	sakdoek
X	itshefu
Z	iduku
N	sakatuku
T	sakatuku

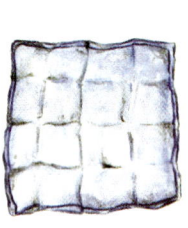 

E	hat
A	hoed
X	umnqwazi
Z	isigqoko
N	kefa
T	hutshe

E	helmet
A	valhelm
X	ihelmethi
Z	ihelmethi
N	helmete
T	helemete

E	jacket
A	baadjie
X	ibhatyi
Z	ibhantshi
N	baki
T	baki

E	jeans
A	jeans
X	ijini
Z	ijini
N	jini
T	borokgwe

E	jersey
A	trui
X	ijezi
Z	ijezi
N	jesi
T	jesi

E	mini
A	mini
X	imini
Z	imini
N	sekhethiana
T	sekhete se se khutshwane

E	pantihose
A	kousbroekie
X	ipentihowusi
Z	ipentihowuzi
N	phenthihouse
T	makusa

E	pinafore
A	voorskootrok
X	ifaskoti
Z	iphinifo
N	thetho
T	khiba

E	overall
A	oorpak
X	i-ovaroli
Z	i-ovaloli
N	obarolo
T	obarolo

E	petticoat
A	onderrok
X	ipitikoti
Z	ipitikoti
N	onoroko
T	onoroko

E	pocket
A	sak
X	ipokotho
Z	ikhukhu
N	potla
T	kgetsi

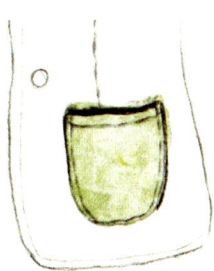

E	pyjamas
A	pajamas
X	ipijama
Z	ipijama
N	dipejama
T	dipejama

E	sandal
A	sandaal
X	imbadada
Z	ingxabulela
N	mphašane
T	mphetšhane

E	shawl
A	tjalie
X	ityali
Z	itshali
N	tšale
T	tšale

E	raincoat
A	reënjas
X	idyasi yemvula
Z	ijazi lemvula
N	jase ya pula
T	jase ya pula

E	scarf
A	serp
X	isikhafu
Z	isikhafu
N	sekhafo
T	sekafo

E	shirt
A	hemp
X	ihempe
Z	ihembe
N	hempe
T	hempe

E	shoe
A	skoen
X	isihlangu
Z	isicathulo
N	seeta
T	setlhako

E	shoe-lace
A	skoenveter
X	umtya wesihlangu
Z	intambo yesicathulo
N	leralana la seeta
T	thapo ya setlhako

E	shorts
A	kortbroek
X	isikhindi
Z	isikhindi
N	šothi
T	mankopa

E	skirt
A	romp
X	isikethi
Z	isikhethi
N	sekhethe
T	sekhete

E	sleeve
A	mou
X	umkhono
Z	umkhono
N	letsogo la seaparo
T	letsogo la seaparo

E	slipper
A	pantoffel
X	imbadada
Z	ihlibhisi
N	selipera
T	selepere

E	sock
A	sokkie
X	ikawusi
Z	isokisi
N	sokisi
T	kausu

E	suit
A	pak
X	isuti
Z	isudi
N	sutu
T	sutu

E	tie
A	das
X	iqhina
Z	uthayi
N	thai
T	thae

E	suit
A	baadjiepak
X	ikhostyum
Z	ikhositshumu
N	khosetšhumo
T	khosetšhumo

E	tackies
A	tekkies
X	iiteki
Z	amateki
N	diteki
T	diteki

E	track suit
A	sweetpak
X	itreksuti
Z	itreksudi
N	trekesutu
T	terekesutu

E	trousers
A	langbroek
X	ibhulukhwe
Z	ibhulukwe
N	borokgo
T	borokgwe

E	underpants
A	onderbroek
X	umthawuzo
Z	ibhulukwana langaphansi
N	borokgwana bja ka fase
T	borokgwe jwa ka fa teng

E	vest
A	frokkie
X	ivesti
Z	ivesiti
N	penegempe
T	besete

E	T-shirt
A	T-hemp
X	isikipha
Z	isikibha
N	T-šete
T	sekipa

E	uniform
A	uniform
X	iyunifom
Z	iyunifomu
N	yunifomo
T	junifomo

E	waistcoat
A	onderbaadjie
X	unondulubhatyi
Z	intolibhantshi
N	onorobaki
T	onorobaki

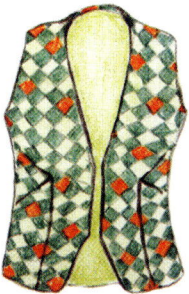

E	wedding dress
A	trourok
X	ilokhwe yomtshato
Z	ingubo yomshado
N	mosese ya lenyalo
T	mosese wa lenyalo

E	zip
A	ritssluiter
X	iziphu
Z	iziphu
N	zipi
T	sipi

E	English	PEOPLE	Z	Zulu	ABANTU
A	Afrikaans	MENSE	N	Northern Sotho	BATHO
X	Xhosa	ABANTU	T	Tswana	BATHO

E baby	E boy
A baba	A seun
X usana	X inkwenkwe
Z umntwana	Z umfana
N lesea	N mošimane
T lesea	T mosimane

E bride	E bridegroom
A bruid	A bruidegom
X umtshakazi	X umyeni
Z umakoti	Z umyeni
N monyadiwa	N monyadi
T monyadiwa	T monyadi

E bridesmaid	E child
A strooimeisie	A kind
X impelesi	X umntwana
Z impelesi	Z ingane
N moetšana	N ngwana
T moetsana	T ngwana

E	girl (young)
A	meisie
X	intombazana
Z	intombazana
N	mosetsana
T	mosetsana

E	king
A	koning
X	ukumkani
Z	ukhingi
N	kgoši
T	kgosi

E	man
A	man
X	indoda
Z	indoda
N	monna
T	monna

E	queen
A	koningin
X	ukumkanikazi
Z	ukhwini
N	kgošigadi
T	kgosigadi

E	witch
A	heks
X	igqwirhakazi
Z	umthakathi
N	moloi wa mosadi
T	moloi wa mosadi

E	woman
A	vrou
X	umfazi
Z	umfazi
N	mosadi
T	mosadi

E	English	FAMILY	Z	Zulu	UMNDENI
A	Afrikaans	FAMILIE	N	Northern Sotho	LELOKO
X	Xhosa	USAPHO	T	Tswana	BALELAPA

E	aunt		E	brother
A	tante		A	broer
X	u-anti		X	ubhuti
Z	u-anti		Z	ubhuti
N	rakgadi		N	morwarra
T	rakgadi		T	morwaarra

E	cousin		E	dad
A	neef/niggie		A	pa/vader
X	umzala		X	utata
Z	umzala		Z	ubaba
N	motswala		N	tata
T	ntsala		T	ntata/rre

E	daughter		E	daughter-in-law
A	dogter		A	skoondogter
X	intombi		X	umolokazana
Z	indodakazi		Z	umalokazana
N	morwadi		N	ngwetši
T	morwadi		T	ngwetsi

E father
A pa/vader
X utata
Z ubaba
N tata
T ntata/rre

E father-in-law
A skoonpa
X ubawozala
Z umukhwe
N ratswale
T ratsale

E grandchild
A kleinkind
X umzukulwana
Z umzukulwane
N motlogolo
T ngwanaan-gwanaka

E granddaughter
A kleindogter
X umzukulwana
Z umzukulwane
N motlogolo
T setlogolwana

E grandfather
A oupa
X ubawomkhulu
Z ubabamkhulu
N rakgolo
T ntatemogolo

E grandmother
A ouma
X umakhulu
Z ugogo
N koko
T nkoko

E	grandson
A	kleinseun
X	umzukulwana
Z	umzukulwane
N	motlogolo
T	setlogolwana

E	husband
A	man
X	umyeni
Z	umyeni
N	monna
T	monna

E	mother
A	moeder/ma
X	umama
Z	umama
N	mma
T	mme

E	mother-in-law
A	skoonma
X	uninazala
Z	umamezala
N	mmatswale
T	matsale

E	nephew
A	neef
X	umtshana
Z	umshana
N	setlogolo
T	ntsala

E	niece
A	niggie
X	umtshanakazi
Z	umshanakazi
N	setlogolo
T	ntsala

E	parents
A	ouers
X	abazali
Z	abazali
N	batswadi
T	batsadi

E	sister
A	suster
X	usisi
Z	usisi
N	kgaetšedi
T	kgaitsadi

E	sister-in-law
A	skoonsuster
X	umlanyakazi
Z	umlamu
N	mogadibo
T	mogadibo

E	son
A	seun
X	unyana
Z	indodana
N	morwa
T	morwa

E	son-in-law
A	skoonseun
X	umkhwenyana
Z	umkhwenyana
N	mokgonyana
T	mogwe

E	stepfather
A	stiefpa
X	utata
Z	ubaba omusha
N	papa
T	rre-ka-nyalo

E stepmother
A stiefma
X umama
Z umame omusha
N mmangwane
T mme-ka-nyalo

E uncle
A oom
X umalume
Z umalume
N malome
T malome

E wife
A vrou
X umfazi
Z umfazi
N mosadi
T mosadi

E	English	ANIMALS	Z	Zulu	IZILWANE
A	Afrikaans	DIERE	N	Northern Sotho	DIPHOOFOLO
X	Xhosa	IZILWANYANA	T	Tswana	DIPHOLOGOLO

E ant A mier X imbovane Z intuthwane N tšhošane T tshoswane	

E baboon A bobbejaan X imfene Z imfene N tšhwene T tshwene	

E bat A vlermuis X ilulwane Z ilulwane N mmankgagane T mmamathwane	

E bear A beer X ibhere Z ibhele N bere T bera	

E bee A by X inyosi Z inyosi N nose T notshe	

E bird A voël X intaka Z inyoni N nonyana T nonyane	

E	blue crane
A	bloukraanvoël
X	indwe
Z	indwa
N	mogolodi
T	mogolodi

E	buffalo
A	buffel
X	inyathi
Z	inyathi
N	nare
T	nare

E	bull
A	bul
X	inkunzi
Z	inkunzi
N	poo
T	poo

E	butterfly
A	skoenlapper
X	ibhabhathane
Z	uvemvane
N	serurubele
T	serurubele

E	calf
A	kalf
X	inkonyane
Z	inkonyane
N	namane
T	namane

E	camel
A	kameel
X	inkamela
Z	ikamela
N	kamela
T	kamela

E cat	
A kat	
X ikati	
Z ikati	
N katse	
T katse	

E chameleon	
A verkleurmannetjie	
X unwabu	
Z unwabu	
N leobu	
T lelobu	

E cheetah	
A jagluiperd	
X ingwenkala	
Z ingulule	
N lepogo	
T lengau	

E cock	
A haan	
X umqhagi	
Z iqhude	
N mokoko	
T mokoko	

E cow	
A koei	
X imazi	
Z inkomazi	
N kgomogadi	
T kgomogadi	

E crocodile	
A krokodil	
X ingwenya	
Z ingwenya	
N kwena	
T kwena	

E	crow
A	kraai
X	unomyayi
Z	igwababa
N	legokobu
T	legakabe

E	dog
A	hond
X	inja
Z	inja
N	mpša
T	ntšwa

E	dove
A	duif
X	ihobe
Z	ijuba
N	leeba
T	leeba

E	dassie
A	dassie
X	imbila
Z	imbila
N	pela
T	pela

E	donkey
A	donkie
X	idonki
Z	imbongolo
N	tonki
T	tonki

E	duck
A	eend
X	idada
Z	idada
N	lepidipidi
T	pidipidi

E	eagle
A	arend
X	ukhozi
Z	ukhozi
N	ntšhu
T	ntsu

E	earthworm
A	erdwurm
X	umsundululu
Z	umsundu
N	nogameetsana
T	nagametsana

E	elephant
A	olifant
X	indlovu
Z	indlovu
N	tlou
T	tlou

E	fish
A	vis
X	intlanzi
Z	inhlanzi
N	hlapi
T	tlhapi

E	flea
A	vlooi
X	intakumba
Z	izeze
N	letsetse
T	letsetse

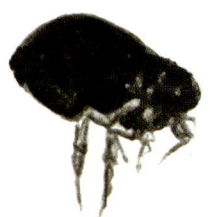

E	fly
A	vlieg
X	impukane
Z	impukane
N	ntšhi
T	ntsi

E	foal
A	vul
X	inkonyane yehashe
Z	inkonyane yehhashi
N	petšhana
T	petsana

E	frog
A	padda
X	isele
Z	isele
N	segwagwa
T	segwagwa

E	giraffe
A	kameelperd
X	indlulamthi
Z	indlulamithi
N	thutlwa
T	thutlwa

E	goat
A	bok
X	ibhokhwe
Z	imbuzi
N	pudi
T	podi

E	goose
A	gans
X	irhanisi
Z	ihansi
N	leganse
T	ganse

E	gorilla
A	gorilla
X	igorila
Z	igorila
N	korila
T	korela

E	grasshopper
A	sprinkaan
X	intethe
Z	intethe
N	tšie
T	tsie

E	guineafowl
A	tarentaal
X	impangele
Z	impangele
N	kgaka
T	kgaka

E	hare
A	haas
X	umvundla
Z	unogwaja
N	mmutla
T	mmutla

E	hen
A	hen
X	isikhukukazi
Z	isikhukhukazi
N	kgogotshadi
T	kgogo

E	heron
A	reier
X	ukhwalimanzi
Z	indwandwe
N	kokolohutwe
T	kokolohutwe

E	hippopotamus
A	seekoei
X	imvubu
Z	imvubu
N	kubu
T	kubu

E horse	
A perd	
X ihashe	
Z ihhashi	
N pere	
T pitse	

E hyena	
A hiëna	
X ingcuka	
Z impisi	
N phiri	
T phiri	

E jackal	
A jakkals	
X udyakalashe	
Z impungushe	
N phukubje	
T phokojwe	

E kitten	
A katjie	
X intshontsho lekati	
Z izinyane lekati	
N katsana	
T katsana	

E kudu	
A koedoe	
X iqudu	
Z umgankla	
N tholo	
T tholo	

E ladybird	
A lieweheersbesie	
X ubhantom	
Z umanqulwana	
N podilekgwana	
T podilekgwana	

E	lamb
A	lam
X	itakane
Z	izinyane
N	kwana
T	konyana

E	leopard
A	luiperd
X	ingwe
Z	ingwe
N	nkwe
T	nkwe

E	lion
A	leeu
X	ingonyama
Z	ingonyama
N	tau
T	tau

E	lizard
A	akkedis
X	icikilishe
Z	isibankwa
N	mokgaditswana
T	mokgatitswane

E	meercat
A	meerkat
X	igala
Z	ububhibhi
N	moswe
T	mošwe

E	monkey
A	apie
X	inkawu
Z	inkawu
N	kgabo
T	kgabo

E mosquito	
A muskiet	
X ingcongconi	
Z umiyane	
N monang	
T monang	

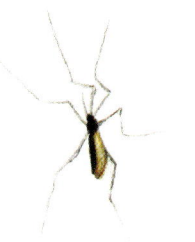

E moth	
A mot	
X uvivingane	
Z ibhu	
N mmoto	
T mmoto	

E mouse	
A muis	
X impuku	
Z impuku	
N legotlo	
T peba	

E octopus	
A seekat	
X ingwane	
Z ingwane	
N oketopuse	
T okotopase	

E ostrich	
A volstruis	
X inciniba	
Z intshe	
N mpšhe	
T ntšhwe	

E owl	
A uil	
X isikhova	
Z isikhova	
N leribiši	
T morubisi	

E	parrot
A	papegaai
X	isikhwenene
Z	upholi
N	lepapagai
T	papalagae

E	pelican
A	pelikaan
X	ingcwangube
Z	ifuba
N	kukara
T	kukara

E	penguin
A	pikkewyn
X	iphengwini
Z	iphengwini
N	phenkwine
T	phengwene

E	pig
A	vark
X	ihagu
Z	ingulube
N	kolobe
T	kolobe

E	pigeon
A	posduif
X	ivukuthu
Z	ijuba
N	leeba
T	leeba

E	porcupine
A	ystervark
X	incanda
Z	ingungumbane
N	noko
T	noko

E	rat
A	rot
X	igundane
Z	ibuzi
N	legotlo
T	legotlo

E	rhinoceros
A	renoster
X	imvubu
Z	ubhejane
N	tšhukudu
T	tshukudu

E	scorpion
A	skerpioen
X	unomadudwane
Z	ufezela
N	phepheng
T	phepheng

E	seal
A	rob
X	intini yolwandle
Z	imvu yamanzi
N	sili
T	sili

E	secretary-bird
A	sekretarisvoël
X	ingxangxosi
Z	intinginono
N	tlhame
T	ramolongwana

E	shark
A	haai
X	ukrebe
Z	ushaka
N	šaka
T	šaka

E sheep	
A skaap	
X igusha	
Z imvu	
N nku	
T nku	

E snake	
A slang	
X inyoka	
Z inyoka	
N noga	
T noga	

E springbok	
A springbok	
X ibhadi	
Z insephe	
N tshepe	
T tshepe	

E snail	
A slak	
X inkumba	
Z umnenke	
N kgopa	
T kgopa	

E spider	
A spinnekop	
X isigcawu	
Z ulwembhu	
N segokgo	
T segokgo	

E squirrel	
A eekhoring	
X umqha	
Z ingwejeje	
N sehlora	
T setlhora	

E	stork
A	ooievaar
X	unowamba
Z	unogolantethe
N	mogolodi
T	mogobodi

E	tiger
A	tier
X	ingwe
Z	ingwe
N	nkwe
T	nkwe

E	tortoise
A	skilpad
X	ufudo
Z	ufudu
N	khudu
T	khudu

E	turkey
A	kalkoen
X	ikarikuni
Z	ikalikuni
N	kalakune
T	kalakune

E	vulture
A	aasvoël
X	ixhalanga
Z	inqe
N	lenong
T	lenong

E	wasp
A	perdeby
X	unomeva
Z	umuvi
N	mobu
T	mofu

E	whale
A	walvis
X	umnweba
Z	umkhomo
N	leruarua
T	leruarua

E	worm
A	wurm
X	umbungu
Z	isibungu
N	seboko
T	seboko

E	zebra
A	sebra
X	iqwarha
Z	idube
N	pitsi ya naga
T	pitse ya naga

E	English	FOOD	Z	Zulu	UKUDLA
A	Afrikaans	KOS	N	Northern Sotho	DIJO
X	Xhosa	UKUTYA	T	Tswana	DIJO

E	bacon
A	spek
X	ispeke
Z	ubhekeni
N	sepeke
T	sepeke

E	biltong
A	biltong
X	umqwayito
Z	umqwayiba
N	segwapa
T	segwapa

E	biscuit
A	koekie
X	ibhiskithi
Z	ibhisikidi
N	biskitsi
T	bisikiti

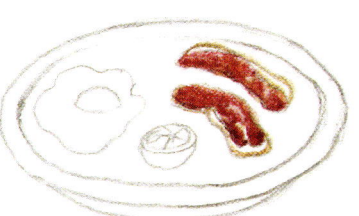

E	bread
A	brood
X	isonka
Z	isinkwa
N	borotho
T	borotho

E	bun
A	broodrolletjie
X	ibhani
Z	ibhanisi
N	panse
T	banse

E	butter
A	botter
X	ibhotolo
Z	ibhotela
N	seredi
T	serethe

E	cake	
A	koek	
X	ikeyiki	
Z	ikhekhe	
N	kuku	
T	kuku	

E	cheese	
A	kaas	
X	itshizi	
Z	ushizi	
N	tšhese/kase	
T	tšhise/kase	

E	chips	
A	aartappelskyfies	
X	iitshipsi	
Z	ama-chips	
N	ditšhipisi	
T	ditšhipisi	

E	chocolate	
A	sjokolade	
X	itshokoleti	
Z	ushokoledi	
N	tšhokolete	
T	tšhokolete	

E	chop	
A	tjop	
X	itshophu	
Z	ishobhu	
N	kgotswana	
T	kgotswana	

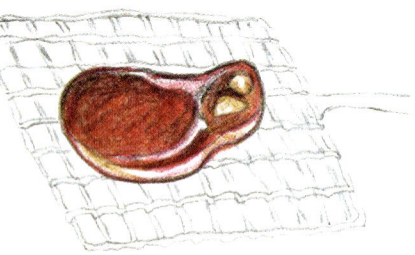

E	chutney	
A	blatjang	
X	itshatini	
Z	ishatini	
N	tšhatini	
T	tšhateni	

E	doughnut
A	oliebol
X	idonathi
Z	idonadi
N	tonate
T	tounate

E	egg
A	eier
X	iqanda
Z	iqanda
N	lee
T	lee

E	hamburger
A	hamburger
X	ihambhega
Z	ihambhega
N	hambeka
T	hambeka

E	hot dog
A	worsbroodjie
X	ihotdogi
Z	ihodogi
N	hotetoko
T	hotedoko

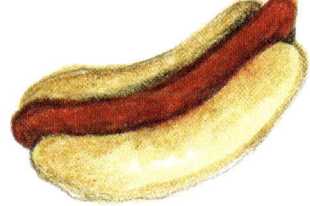

E	ice cream
A	roomys
X	iayiskrim
Z	u-ayisikhilimu
N	lebebetšididi
T	bebetsididi

E	margarine
A	margarien
X	imajarini
Z	imagarini
N	matšarine
T	majarine

E	menu
A	spyskaart
X	imenyu
Z	imenyu
N	menyu
T	lenanedijo

E	muffin
A	muffin
X	imafini
Z	imafini
N	mafene
T	mafene

E	pancake
A	pannekoek
X	ipankeyiki
Z	ipanikuku
N	panekuku
T	panekuku

E	peanuts
A	grondboontjies
X	amandongomane
Z	amantongomane
N	matokomane
T	matonkomane

E	polony
A	polonie
X	ipoloni
Z	upoloni
N	paloni
T	polone

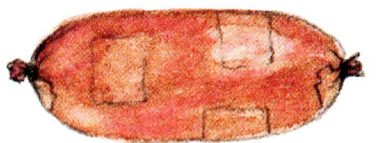

E	porridge
A	pap
X	ipapa
Z	iphalishi
N	bogobe
T	bogobe

E	sandwich
A	toebroodjie
X	isandiwitshi
Z	isendiwishi
N	sangwetšhi
T	borothopate

E	sausage
A	wors
X	isoseji
Z	isositshi
N	boroso
T	boroso

E	tart
A	tert
X	ithathi
Z	ithathi
N	terete
T	thate

E	tomato sauce
A	tamatiesous
X	isosi yetumato
Z	usosi katamatisi
N	tamatisouso
T	tamatisouso

E	English	DRINKS	Z	Zulu	IZIPHUZO
A	Afrikaans	DRANKE	N	Northern Sotho	DINO
X	Xhosa	IZISELO	T	Tswana	DINO

E	beer
A	bier
X	ibheri
Z	ubhiya
N	biri
T	biri

E	brandy
A	brandewyn
X	ibranti
Z	ubhrendi
N	poranti
T	boranti

E	buttermilk
A	karringmelk
X	ixibhiya
Z	umbhobe
N	motsaro
T	mokaro

E	cocoa
A	kakao
X	ikoko
Z	ukhokho
N	khoukhou
T	khoukhou

E	coffee
A	koffie
X	kofu
Z	ikhofi
N	kofi
T	kofi

E	cool drink
A	koeldrank
X	isiselo esibandayo
Z	isiphuzo esibandayo
N	senotšididi
T	senotsididi

E juice
A sap
X ijusi
Z ujusi
N matute
T matute

E milk
A melk
X ubisi
Z ubisi
N maswi
T mašwi

E sherry
A sjerrie
X isheri
Z isheri
N šeri
T šeri

E sour milk
A suurmelk
X amasi
Z amasi
N maswi a bodila
T mašwi a a themileng

E tea
A tee
X iti
Z itiye
N teye
T tee

E water
A water
X amanzi
Z amanzi
N meetse
T metsi

E wine
A wyn
X iwayini
Z iwayini
N beine
T beine

19

E	English	FRUIT	Z	Zulu	IZITHELO
A	Afrikaans	VRUGTE	N	Northern Sotho	SEENYWA
X	Xhosa	ISIQHAMO	T	Tswana	LEUNGO

E	apple
A	appel
X	iapile
Z	iapula
N	apola
T	apole

E	apricot
A	appelkoos
X	iapilkosi
Z	ibhilikosi
N	apolekose
T	apolekose

E	avocado (pear)
A	avokado (-peer)
X	iavokado
Z	ukwatapeya
N	abokato
T	abokato

E	banana
A	piesang
X	ibhanana
Z	ubhanana
N	panana
T	panana

E	cherry
A	kersie
X	itsheri
Z	usheri
N	tšheri
T	tšheri

E	fig
A	vy
X	ikhiwane
Z	ikhiwane
N	feie
T	feie

E	grapefruit	
A	pomelo	
X	imbambusi	
Z	igreyiphufruthi	
N	kreipifrutu	
T	pomelo	

E	grapes	
A	druiwe	
X	iidiliya	
Z	amagrebhisi	
N	diterebe	
T	diterebe	

E	grenadilla	
A	grenadella	
X	igranadila	
Z	iginindela	
N	granatila	
T	keranadila	

E	guava	
A	koejawel	
X	igwava	
Z	ugwava	
N	kwaba	
T	kwaba	

E	lemon	
A	suurlemoen	
X	ilamuni	
Z	ulamula	
N	swiri	
T	suru	

E	litchi	
A	lietsjie	
X	ilitshi	
Z	ilitshi	
N	litšhi	
T	litšhi	

E	mango
A	mango
X	imango
Z	umango
N	manko
T	menku

E	naartjie
A	nartjie
X	inatshisi
Z	inantshi
N	nariki
T	nariki

E	orange
A	lemoen
X	iorenji
Z	i-wolintshi
N	namune
T	namune

E	pawpaw
A	papaja
X	ipopo
Z	upopo
N	phopho
T	phopho

E	peach
A	perske
X	ipesika
Z	ipetshisi
N	perekisi
T	perekisi

E	pear
A	peer
X	ipere
Z	ipheya
N	piere
T	pere

E	pineapple
A	pynappel
X	ipayinapile
Z	uphayinaphu
N	phaeneapole
T	peinapole

E	plum
A	pruim
X	iplam
Z	ipulamu
N	poreime
T	poreimi

E	strawberry
A	aarbei
X	iqunube
Z	isitrobheli
N	setoroperi
T	setoroberi

E	watermelon
A	waatlemoen
X	ivatala
Z	ikhabe
N	legapu
T	legapu

E	English	VEGETABLES	Z	Zulu	IMIFUNO
A	Afrikaans	GROENTE	N	Northern Sotho	MEROGO
X	Xhosa	IMIFUNO	T	Tswana	MEROGO

E	beans	
A	boontjies	
X	iimbotyi	
Z	ubhontshisi	
N	dinawa	
T	dinawa	

E	beetroot	
A	beet	
X	ibhitruthi	
Z	ibhithrudi	
N	pete	
T	bete	

E	cabbage	
A	kool	
X	ikhaphetshu	
Z	ikhabishi	
N	khabetshe	
T	khabetshe	

E	carrot	
A	wortel	
X	umnqathe	
Z	ikherothi	
N	segwete	
T	segwete	

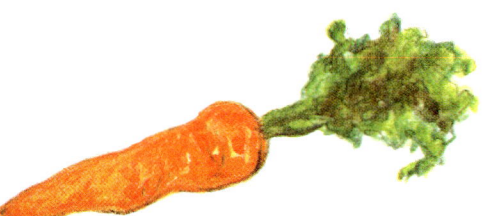

E	cauliflower	
A	blomkool	
X	ikholiflawa	
Z	ikholifulawa	
N	kholifolawa	
T	kholifolawa	

E	cucumber	
A	komkommer	
X	inkonkomire	
Z	ikhukhamba	
N	khukhamba	
T	komokomore	

E	lettuce
A	kropslaai
X	iletisi
Z	uletisi
N	letase
T	letase

E	mushroom
A	sampioen
X	ikhowa
Z	ikhowe
N	tokwane
T	lebowa

E	onion
A	ui
X	itswele
Z	u-anyanisi
N	eie
T	eie

E	pea
A	ertjie
X	i-ertyisi
Z	uphizi
N	erekisi
T	erekisi

E	potato
A	aartappel
X	itapile
Z	izambane
N	tapola
T	tapole

E	pumpkin
A	pampoen
X	ithanga
Z	ithanga
N	lefodi
T	lephutshe

E radish	
A radys	
X iredishi	
Z uredishi	
N radeise	
T radisi	

E sweet potato	
A patat	
X ibhatata	
Z ubhatata	
N potata	
T potata	

E tomato	
A tamatie	
X itumato	
Z utamatisi	
N tamati	
T tamati	

E turnip	
A raap	
X iteniphu	
Z itheniphu	
N rapa	
T rapa	

E	English	FLOWERS	Z	Zulu	IZIMBALI
A	Afrikaans	BLOMME	N	Northern Sotho	MATŠOBA
X	Xhosa	IINTYATYAMBO	T	Tswana	DITHUNYA

E	aloe	
A	aalwyn	
X	ikhala	
Z	umhlaba	
N	mokgopha	
T	mokgopha	

E	daisy
A	madeliefie
X	ideyizi
Z	idezi
N	teisi
T	teise

E	pansy
A	gesiggie
X	ipentsi
Z	iphenzi
N	phensei
T	pensi

E	arum lily
A	aronskelk
X	inyibiba
Z	intebe
N	aramolili
T	aramolili

E	erica
A	erika
X	i-erika
Z	i-erikha
N	erika
T	erika

E	poppy
A	papawer
X	ipopi
Z	iphophi
N	popi
T	popi

E	rose
A	roos
X	irozi
Z	iroza
N	rosi
T	rouse

E	sunflower
A	sonneblom
X	ujongilanga
Z	isithamelalanga
N	sonopolomo
T	sonobolomo

E	English	CAREERS		Z	Zulu	IMISEBENZI
A	Afrikaans	BEROEPE		N	Northern Sotho	BOITHUTEDI
X	Xhosa	IMISEBENZI		T	Tswana	BOITHUTO

E actor
A akteur
X umdlali
Z umdlali
N thaloki
T moetsi

E advocate
A advokaat
X igqwetha
Z ummeli
N ramolao
T mmueledi

E architect
A argitek
X umyili wezakhiwo
Z umklami wokwakhiwa
N moagiteke
T moagiteke

E artist
A kunstenaar
X i-athisti
Z i-athisti
N sekgabiši
T sekgabisi

E astronaut
A ruimtevaarder
X usomajukujuku
Z umphuphutheki
N moetasebakeng
T moapi

E attorney
A prokureur
X igqwetha
Z ummeli
N ramolao
T mmueledi

E	author
A	skrywer
X	umbhali
Z	umbhali
N	mongwadi
T	mokwadi

E	baker
A	bakker
X	umbhaki
Z	umbhaki
N	mopaki
T	ralebaka

E	barber
A	haarkapper
X	umchebi
Z	umgundi
N	mmeodi
T	mmeodi

E	builder
A	bouer
X	umakhi
Z	umakhi
N	moagi
T	moagi

E	butcher
A	slagter
X	unosilarha
Z	ubhusha
N	radinama
T	raselaga

E	carpenter
A	timmerman
X	umchweli
Z	umbazi
N	mmetli
T	mmetli

E chef
A sjef
X utshefu
Z ushefu
N tšhefe
T tšhefe

E chemist
A apteker
X ikhemisti
Z umkhemisi
N rakhemise
T moapoteke

E dentist
A tandarts
X ugqirha wamazinyo
Z udokotela wamazinyo
N rameno
T rameno

E data capturer
A dataverwerker
X umqokeleli wolwazi
Z umlondolozi weminingwane
N moswaratsebo
T mmolokatshe-dimosetso

E detective
A speurder
X umcuphi
Z umseshi
N letseka
T letseka

E doctor
A dokter
X ugqirha
Z udokotela
N ngaka
T ngaka

E domestic worker
A huiswerker
X umsebenzi wasekhaya
Z isisebenzi sasendlini
N mošomi wa ka gae
T modiri wa mo gae

E electrician
A elektrisiën
X usombane
Z isazi sikagesi
N ramohlakase
T ramotlakase

E engineer
A ingenieur
X injineli
Z unjiniyela
N moentšenere
T moenjeneri

E farmer
A boer
X umfana
Z umlimi
N molemi
T molemirui

E fireman
A brandweerman
X umcimi-mlilo
Z umcishi womlilo
N motima mollo
T ramolelo

E fisherman
A visser
X umlobi
Z umdobi
N morei wa dihlapi
T motshwara ditlhapi

E	gardener
A	tuinier
X	umsebenzi-gadi
Z	umtshali wesivandei
N	raserapa
T	modira wa tshingwana

E	grocer
A	kruidenier
X	umthengisi-kutya
Z	ugilosa
N	rakrosari
T	rakerosari

E	hairdresser
A	haarkapper
X	umlungisi-zinwele
Z	umcwali
N	mokoti
T	mopomi

E	hawker
A	smous
X	umthengisi
Z	othilazayo
N	semauši
T	morekisi

E	journalist
A	joernalis
X	umlungisi
Z	intatheli
N	mojenale
T	mmegakgang

E	judge
A	regter
X	ijaji
Z	ijaji
N	moahlodi
T	moatlhodi

E	lecturer
A	lektor
X	umhlohli
Z	umfundisi
N	mofahloši
T	moruti

E	manager
A	bestuurder
X	umanejala
Z	imeneja
N	molaodi
T	motsamaisi

E	matron
A	matrone
X	umeyitroni
Z	umatroni
N	matrone
T	materone

E	mechanic
A	werktuigkundige
X	umkhandi
Z	umakheniki
N	makhanekhe
T	mothudi

E	miner
A	mynwerker
X	isimba-mgodi
Z	osebenza emgodini
N	moepi
T	moepi

E	nurse
A	verpleegkundige
X	umongikazi
Z	unesi
N	mooki
T	mooki

E	plumber
A	loodgieter
X	umtywini
Z	upulamba
N	radipompo
T	radipeipi

E	policeman
A	polisieman
X	ipolisa
Z	iphoyisa
N	lephodisa
T	lepodisa

E	postman
A	posbode
X	unoposi
Z	umuntu weposi
N	morwalaposo
T	ramakwalo

E	priest
A	priester
X	umpriste
Z	umpristi
N	moprista
T	moperisita

E	principal
A	skoolhoof
X	inqununu
Z	uthishanhloko
N	hlogo
T	tlhogo

E	sailor
A	matroos
X	umatiloshe
Z	itilosi
N	mothadiši
T	mothadisi

E salesman
A verkoopsman
X umthengisi
Z umthengisi
N morekiši
T morekisi

E scientist
A wetenskaplike
X isazinzulu
Z isazi sesayensii
N setsebi
T monetetshi

E secretary
A sekretaris
X unobhala
Z unobhala
N mongwaledi
T mokwaledi

E sister (hospital)
A suster
X usista
Z isisitela
N sistere
T sisetara

E social worker
A welsynwerker
X unontlalontle
Z usonhlala-kahle
N modirelaleago
T modirelaleago

E soldier
A soldaat
X ijoni
Z isosha
N lesole
T lesole

E	solicitor
A	prokureur
X	igqwetha
Z	ummeli
N	agente
T	mmueledi

E	stock broker
A	aandelemakelaar
X	umrhwebi wezahlulo zamashishini
Z	umthengisi wamashezi
N	morekela a rekišetša
T	morekisi wa matlole

E	supervisor
A	toesighouer
X	umongameli
Z	umhloli
N	mohlahlobedi
T	motlhokomedi

E	surgeon
A	chirurg
X	ugqirha otyandayo
Z	udokotela wokuhlinza
N	nkaga ya go bua
T	ngaka ya dikaro

E	tailor
A	kleremaker
X	umthungi
Z	umthungi
N	moroki
T	moroki

E	teacher
A	onderwyser
X	utitshala
Z	uthisha
N	morutši
T	morutabane

E traffic officer
A verkeersbeampte
X igosa leendlela
Z iphoyisa letrefiki
N mohlankedi wa therafiki
T motlhankede wa pharakano

E travel agent
A reisagent
X umlungiseleli-hambo
Z umhleli wezoku-hamba
N mmeyakanyi wa leeto
T moemedi mojanala

E undertaker
A lykbesorger
X umngcwabi
Z umngcwabi
N mmolokabahu
T morulaganyetsa phitlho

E vet
A veearts
X ugqirha wemfuyo
Z udoktela wezilwane
N ngaka ya diphoofolo
T ngaka ya diphologolo

E waiter
A kelner
X iweyitala
Z uweta
N waitara
T moabadijo

E	English	THE HOUSE	Z	Zulu	INDLU
A	Afrikaans	DIE HUIS	N	Northern Sotho	NGWAKO
X	Xhosa	INDLU	T	Tswana	NTLO

E brick A baksteen X isitena Z isitini N setena T setena	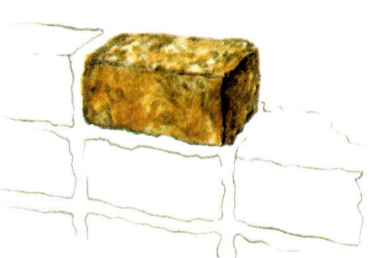

E ceiling A plafon X isilingi Z isilingi N siling T sileng	

E chimney A skoorsteen X itshimini Z ushimula N tšhimele T sentshamosi	

E door A deur X ucango Z isivalo N lebati T lebati	

E driveway A oprit X idriveway Z idrayiviweyi N mokgotha T mmila	

E fence A heining X ucingo Z ucingo N legora T legora	

E floor	
A vloer	
X umgangatho	
Z ifulo	
N lebato	
T bodilo	

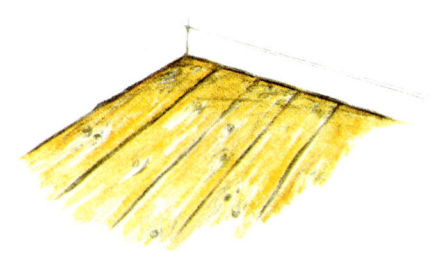

E gate	
A hek	
X isango	
Z isango	
N heke	
T kgoro	

E key	
A sleutel	
X isitshixo	
Z ukhiye	
N khii	
T senotlolo	

E garage	
A motorhuis	
X igaraji	
Z igalaji	
N karatshe	
T karatshe	

E gutter	
A geut	
X igatha	
Z igatha	
N katara	
T mokoro	

E roof	
A dak	
X uphahla	
Z uphahla	
N tlhaka	
T marulelo	

E	stairs
A	trap
X	izitepu
Z	isitezi
N	menamelo
T	ditepese

E	swimming pool
A	swembad
X	ichibi lokudada
Z	ichibi lokubhukudela
N	bodiba bja go rutha
T	bothumelo

E	wall
A	muur
X	udonga
Z	udonga
N	leboto
T	lebota

E	window
A	venster
X	ifestile
Z	ifasitela
N	lefastere
T	fensetere

E	English	KITCHEN	Z	Zulu	IKHISHI
A	Afrikaans	KOMBUIS	N	Northern Sotho	KHITŠHI
X	Xhosa	IKHITSHI	T	Tswana	KHITŠHI

E basket
A mandjie
X ibhaskithi
Z ubhasikidi
N seroto
T seroto

E bottle
A bottel
X ibhotile
Z ibhodlela
N lepotlelo
T botlole

E bowl
A bak
X isitya
Z isikotela
N mogopo
T mogopo

E breadboard
A broodplank
X iplanga lesonka
Z uqwembe lokusikela isinkwa
N lepolanka la go segela borotho
T sesegelaborotho

E broom
A besem
X umtshayelo
Z umshayelo
N leswielo
T lefeelo

E bucket
A emmer
X iemele
Z ibhakede
N kgamelo
T kgamelo

E	chair
A	stoel
X	isitulo
Z	isihlalo
N	setulo
T	setulo

E	clock
A	horlosie
X	iwotshi
Z	ikilogo
N	sešupanako
T	sesupanako

E	corkscrew
A	kurktrekker
X	isikrufu sokuvula ipropu
Z	isikulufa sokuvula ibhodlela
N	kgogaporopo
T	segogakoroko

E	cup
A	koppie
X	ikomityi
Z	inkomishi
N	komiki
T	kopi

E	cutlery
A	eetgerei
X	izixhobo zokutya
Z	izikhali zokudla
N	disegi
T	dintsho

E	deep freeze/freezer
A	vrieskas
X	idipfrizi
Z	idiphufrizi
N	tipifrisi
T	segatsetsi

E	dishcloth
A	vadoek
X	ifadukhwe
Z	imfaduko
N	fatuku
T	fatuku

E	dustpan
A	skoppie
X	isiwoli-nkunkuma
Z	isibutho
N	seolelatlakala
T	seolatlakala

E	egg cup
A	eierkelkie
X	ikomityi yeganda
Z	inkomishi yeqanda
N	sebjana se lee
T	sejelalee

E	dishwashing liquid
A	opwasmiddel
X	ulwelo lokuhlamba izitya
Z	insipho eluketshezi yokuhlamba izitsha
N	sesepa sa dibjana
T	sesepe sa dijana

E	eggbeater
A	eierklitser
X	isiqhuqhi-maqanda
Z	isiphehli-maqanda
N	sefehlamae
T	sefatlhamae

E	fork
A	vurk
X	ifolokhwe
Z	imfologo
N	foroko
T	foroko

E	fridge	
A	yskas	
X	ifriji	
Z	ifriji	
N	setšidifatši	
T	setsidifatsi	

E	frying pan	
A	braaipan	
X	ipani yokuqhotsa	
Z	ipani	
N	pane ya go gadikela	
T	pane ya go gadika	

E	glass	
A	glas	
X	iglasi	
Z	ingilazi	
N	galase	
T	galase	

E	grater	
A	rasper	
X	igreyitha	
Z	igretha	
N	segohlo	
T	segotlhane	

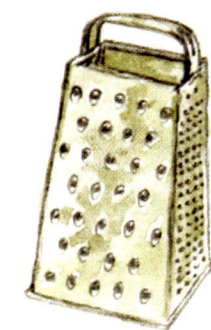

E	iron	
A	strykyster	
X	iayini	
Z	iayini	
N	aene	
T	aene	

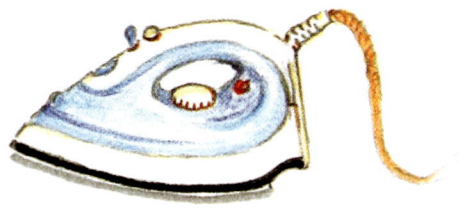

E	ironing board	
A	strykplank	
X	iplanga lokuayinela	
Z	ibhodi loku-ayinela	
N	lepolanka la go aenela	
T	lepolanka la go aenela	

E	jug
A	beker
X	ijagi
Z	ujeke
N	jeke
T	jeke

E	kettle
A	ketel
X	iketile
Z	igedlela
N	ketlele
T	ketlele

E	knife
A	mes
X	imela
Z	ummese
N	thipa
T	thipa

E	lid
A	deksel
X	isiciko
Z	isidikiselo
N	sekhurumelo
T	sekhurumelo

E	measuring jug
A	maatbeker
X	ijoko yokumeta
Z	ijeke lokulinganisa
N	lebekere la kelo
T	bekere ya go lekeletsa

E	microwave oven
A	mikrogolfoond
X	ioveni eyimakhroweyivu
Z	uhhavini oyimakhrowevi
N	onto ya maekrowefe
T	onto ya dimaekerowaefe

E	mop
A	mop
X	imophu
Z	isesuli
N	mopo
T	mopo

E	mug
A	beker
X	imagi
Z	imagi
N	lebikiri
T	lebekere

E	napkin/serviette
A	servet
X	iseviyeti
Z	indwangu yokusula umlomo
N	sebiete
T	sephimodi

E	plate
A	bord
X	ipleyiti
Z	ipuleti
N	poroto
T	poleite

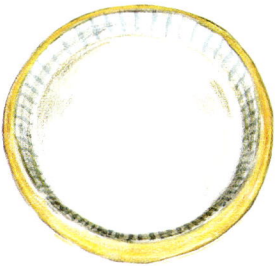

E	power plug
A	kragprop
X	iplagi yombane
Z	ipulagi lelektriki
N	polaka ya mohlagase
T	polaka ya motlakase

E	pressure cooker
A	drukkastrol
X	imbiza epheka ngomphunga
Z	iphreshakhukha
N	pitšakgatelelo
T	kaseterole ya phufudi

E	rubbish bin
A	vuilgoedblik
X	umgqomo wenkunkuma
Z	umgqomo wezibi
N	seolelelamatlakala
T	motomo wa matlakala

E	saltcellar
A	soutpot
X	isitya setyuwa
Z	ibhodlelana likasawoti
N	sebjana sa letswai
T	poto ya letswai

E	saucer
A	piering
X	isosala
Z	isosa
N	piring
T	pirinki

E	saucepan
A	kastrol
X	isosipani
Z	isosipani
N	kastrolo
T	kaseterole

E	sieve
A	sif
X	isihluzo
Z	isisefo
N	sefe
T	sefo

E	sink
A	opwasbak
X	isinki
Z	usinki
N	sinki
T	sinki

E	spoon
A	lepel
X	icephe
Z	isipunu
N	lehwana
T	loswana

E	stove
A	stoof
X	isitovu
Z	isitofu
N	setofo
T	setofo

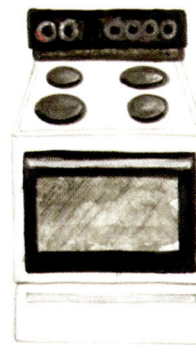

E	switch
A	skakelaar
X	iswitshi
Z	iswishi
N	switšhi
T	switšhi

E	table
A	tafel
X	itafile
Z	itafula
N	tafola
T	tafole

E	tablecloth
A	tafeldoek
X	ilaphu letafile
Z	indwangu yetafula
N	tafoletuku
T	tafoletuku

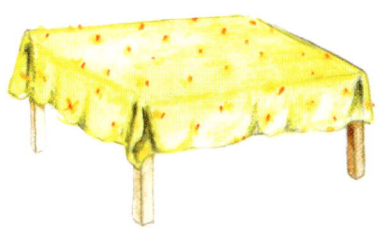

E	teapot
A	teepot
X	itipoti
Z	ithibhothi
N	pitšana ya teye
T	ketlele ya tee

E	teaspoon
A	teelepel
X	itispuni
Z	ithisipuni
N	lehwana la teye
T	lelepolana

E	tin-opener
A	bliksnyer
X	isixhobo sokuvula inkonkxa
Z	isivulithini
N	sebulathini
T	sebulathini

E	tray
A	skinkbord
X	itreyi
Z	ithileyi
N	therei
T	terei

E	vacuum cleaner
A	stofsuier
X	umatshini wokutshayela
Z	umshini wekhaphethi
N	motšhene wa go hlwekiša mebete
T	segogalorole

E	tea strainer
A	teesiffie
X	istreyina seti
Z	isisefo setiye
N	sefo ya teye
T	sefo ya tee

E	toaster
A	broodrooster
X	ithowusta
Z	umshini wokuchochobalisa isinkwa/ithowusta
N	sebešasenkgwa
T	sebesaborotho

E	washing machine
A	wasmasjien
X	umatshini wokuvasa
Z	umshini wokuwasha
N	motšhene wa go hlatswa mašela
T	setlhatswadiaparo

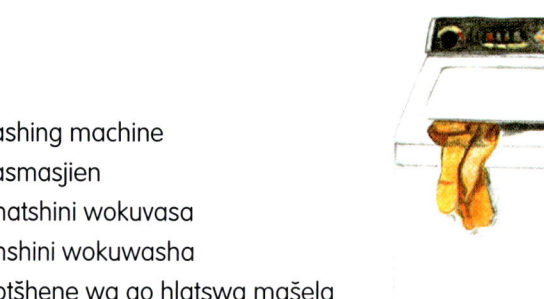

E	English	LOUNGE	Z	Zulu	ILAWUNJI
A	Afrikaans	SITKAMER	N	Northern Sotho	LONTŠHE
X	Xhosa	ILAWUNJI	T	Tswana	LONTŠHE

E	ashtray	
A	asbakkie	
X	isityana sothuthu	
Z	i-ashtreyi	
N	sethinthelamolora	
T	selathelamolora	

E	bookshelf	
A	boekrak	
X	ishelufu yeencwadi	
Z	ishalofu lezincwadi	
N	raka ya dipuku	
T	rakana ya dibuka	

E	carpet	
A	mat	
X	ikhaphethi	
Z	ikhaphethe	
N	khapete	
T	khapete	

E	CD player	
A	CD-speler	
X	isidlali CD	
Z	isidlali masidi	
N	sebapala diCD	
T	setshameka-CD	

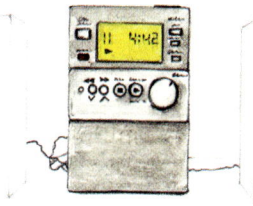

E	curtain	
A	gordyn	
X	ikhethini	
Z	ikhethini	
N	garateine	
T	garetene	

E	cushion	
A	kussing	
X	ikushini	
Z	ikhushini	
N	mosamelo	
T	mosamo	

E	decoder	
A	dekodeerder	
X	idikhowuda	
Z	idikhoda	
N	dikhouta	
T	seranodi	

E	DVD player	
A	DVD-speler	
X	umatshini weDVD	
Z	umshini we-DVD	
N	sebapala diDVD	
T	setshamika DVD	

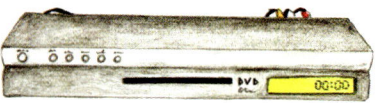

E	fireplace	
A	kaggel	
X	iziko	
Z	iziko	
N	sebešo	
T	leiso	

E	heater	
A	verwarmer	
X	isifudumezi	
Z	ihhita	
N	seruthufatši	
T	hitara	

E	lamp	
A	lamp	
X	isibane	
Z	ilambi	
N	lebone	
T	lebone	

E	mantelpiece	
A	kaggelrak	
X	ithala eliphezu kweziko	
Z	ishalofu eliphezu kweziko	
N	raka ya sebešo	
T	raka ya leiso	

E	remote control
A	afstandbeheer
X	irimowuthi
Z	irimothi
N	taola ya bokgojana
T	selaodi sa remouto

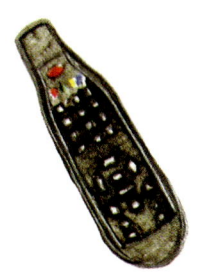

E	sofa
A	rusbank
X	isofa
Z	usofa
N	sofa
T	sofa

E	telephone
A	telefoon
X	ifoni
Z	ithelefoni/ucingo
N	thelefomo/mogala
T	mogala

E	television
A	televisie
X	ithelevishini
Z	ithelevishini
N	thelebišene
T	thelebišhene

E	vase
A	blompot
X	ivazi
Z	ivazi
N	sebjanatsopa
T	morufašese

E	video recorder
A	video-opnemer
X	umatshini wevidiyo
Z	umshini wevidiyo
N	motšhene wa bideo
T	motšhini wa bidio

E	English	BEDROOM	Z	Zulu	IKAMELO LOKULALA
A	Afrikaans	SLAAPKAMER	N	Northern Sotho	BOROBALELO
X	Xhosa	IGUMBI YOKULALA	T	Tswana	BOROBALO

E alarm clock	
A wekker	
X iwotshi ekhalayo	
Z ikilogo elikhalayo	
N setsoši	
T sesupanako	

E bed	
A bed	
X ibhedi	
Z umbhede	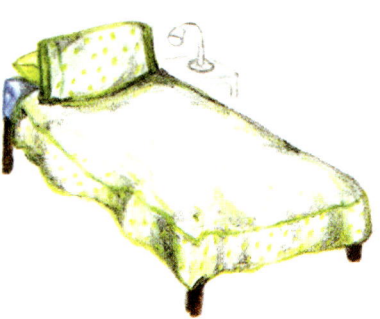
N bolao	
T bolao	

E bedside cabinet	
A bedkassie	
X ikhabhathi yangasebhedini	
Z ikhabethe lasembhedeni	
N lekasana la bolaong	
T kase ya bolao	

E bedside lamp	
A bedlamp	
X isibane sangasebhedini	
Z isibane sasembhedeni	
N lebone la bolaong	
T lebone fa bolaong	

E bedspread	
A deken	
X ibhedspredi	
Z isipredi	
N tekene	
T dekene	

E blanket	
A kombers	
X ingubo	
Z ingubo	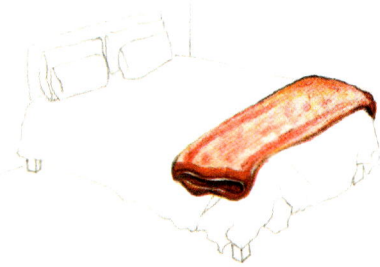
N kobo	
T kobo	

E chest of drawers	
A laaikas	
X ikasi yeedrowa	
Z ikhabethe elinamadilowa	
N lekase la dilaiki	
T lekase la dilai	

E cot	
A bababed	
X ikhoti	
Z ikhothi	
N khothe	
T bolao jwa lesea	

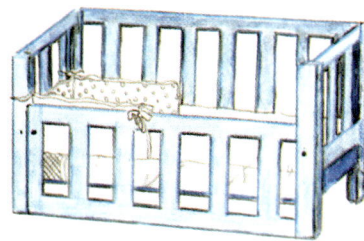

E cradle	
A wiegie	
X ibhedi yosana	
Z umbhede wengane	
N thari	
T thari	

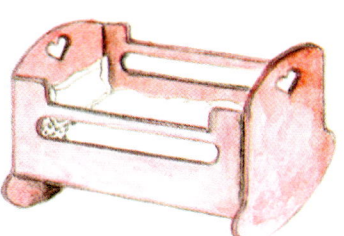

E double bed	
A dubbelbed	
X idabul-bhedi	
Z umbhede oyidabuli	
N bolao bja ba babedi	
T bolao bo botona	

E drawer	
A laai	
X idrowa	
Z idilowa	
N laiki	
T lai	

E dressing table	
A spieëltafel	
X itafile enesipili	
Z idresingithebuli	
N spilekase	
T tafole ya seipone	

E	duvet
A	duvet
X	iduveyi
Z	iduveyi
N	tekene
T	duwei

E	mattress
A	matras
X	umatrasi
Z	umatrasi
N	matrase
T	materase

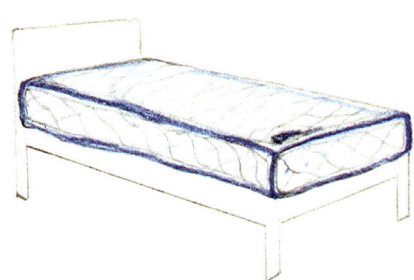

E	pillow
A	kussing
X	umqamelo
Z	umcamelo
N	mosamelo
T	mosamo

E	wardrobe
A	hangkas
X	iwodrophu
Z	iwodirobhu
N	wotropo
T	lekasi la diaparo

E	English	BATHROOM	Z	Zulu	IBAHAVULUMU
A	Afrikaans	BADKAMER	N	Northern Sotho	BOHLAPELO
X	Xhosa	IGUMBI LOKUHLAMBELA	T	Tswana	BOTLHAPELO

E bath
A bad
X ibhafu
Z ubhavu
N pafo
T bata

E bath mat
A badkamermat
X imethi yebhafu
Z umata webhavu
N mmetana wa pafo
T mata ya bata

E face cloth
A waslap
X itawuli yobuso
Z indwangu yokugeza
N lešela la go hlapa
T waselapa

E medicine cabinet
A medisynekassie
X ikhabhathana yamayeza
Z ikhabethana lemithi
N lepokisana la dihlare
T kase ya setlhare

E nail brush
A naelborsel
X ibrashi yeenzipho
Z ibhulashi lezinzipho
N poraše ya dinala
T boratshe ya dinala

E razor
A skeermes
X ireyizara
Z ireyiza
N thipa ya go beola
T reisara

E	shower
A	stort
X	ishawa
Z	ishawa
N	šawara
T	seawere

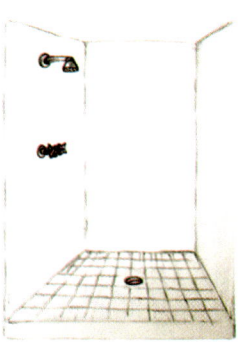

E	soap
A	seep
X	isepha
Z	insipho
N	sesepe
T	sesepa

E	soap dish
A	seepbakkie
X	isityana sesepha
Z	isitshana sensipho
N	seswarasesepe
T	baki ya sesepa

E	sponge
A	spons
X	isiponji
Z	isiponji
N	sepontšhe
T	sepontshe

E	tap
A	kraan
X	itephu
Z	umpompi
N	thepe
T	thepe

E	toilet paper
A	toiletpapier
X	iphepha langasese
Z	iphepha lasethoyilethe
N	pampiri ya go itlhakola
T	pampiri ya boithusetso

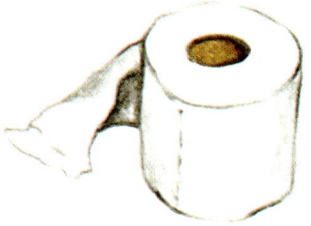

E toothbrush	
A tandeborsel	
X ibrashi yamazinyo	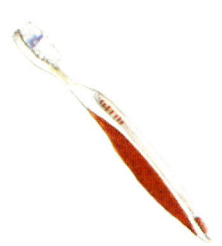
Z ibhulashi lamazinyo	
N porosolo ya meno	
T segatlhameno	

E toothpaste	
A tandepasta	
X intlama yamazinyo	
Z umuthi wamazinyo	
N sesepe sa meno	
T sesepa sa meno	

E towel	
A handdoek	
X itawuli	
Z ithawula	
N toulo	
T toulo	

E washbasin	
A wasbak	
X isitya sokuhlambela	
Z ubheseni wokugezela	
N lehlapelo	
T botlhapelo	

E	English	GARDEN	Z	Zulu	INGADI
A	Afrikaans	TUIN	N	Northern Sotho	SERAPA
X	Xhosa	IGADI	T	Tswana	SEGOTLO

E	axe
A	byl
X	izembe
Z	imbazo
N	selepe
T	selepe

E	branch
A	tak
X	isebe
Z	ihlahla
N	lekala
T	kala

E	flower bed
A	blombedding
X	ibhedi yeentyatyambo
Z	umbhede wezimbali
N	seloto sa matšoba
T	lekidi la dithunya

E	garden fork
A	tuinvurk
X	ifolokhwe yegadi
Z	imfologo yengadi
N	foroko ya serapa
T	foroko ya segotlo

E	hoe
A	skoffelpik
X	igaba
Z	igeja
N	mogoma
T	mogoma

E	hosepipe
A	tuinslang
X	ithumbu lokunkcenkceshela
Z	ithumbu lokunisela
N	lethopo
T	lethopo

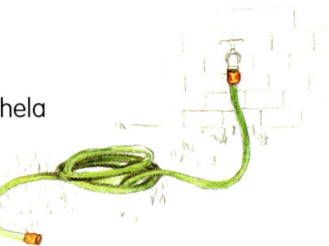

E	lawn
A	grasperk
X	iloni
Z	iloni
N	lone
T	lono

E	lawnmower
A	grassnyer
X	umatshini wokusika ingca
Z	umshini wokusika utshani
N	motšhene wa go sega bjang
T	sesegabojang

E	leaf
A	blaar
X	igqabi
Z	ikhasi
N	letlakala
T	letlhare

E	pickaxe
A	pik
X	ipeki
Z	ipiki
N	peke
T	peke

E	rake
A	hark
X	iharika
Z	ihhala
N	hareka
T	haraka

E	root
A	wortel
X	ingcambu
Z	impande
N	modu
T	modi

E	scarecrow
A	voëlverskrikker
X	upokobhana
Z	isithuso
N	setšhosi
T	sethotisela setho

E	secateurs/shears
A	tuinskêr
X	isikere
Z	isizenze
N	sekero
T	sekere

E	seed
A	saad
X	imbewu
Z	imbewu
N	peu
T	peo

E	sickle
A	sekel
X	isekile
Z	isikela
N	sekele
T	sekele

E	spade
A	graaf
X	umhlakulo
Z	isipete
N	garafo
T	garawe

E	sprinkler
A	sproeier
X	isifefo
Z	isifafazi
N	segašameetse
T	segasametsi

E	tree
A	boom
X	umthi
Z	umuthi
N	sehlare
T	setlhare

E	trunk
A	stam
X	isiqu
Z	isiqu
N	thito
T	kuto

E	watering can
A	gieter
X	isinkcenkcesheli
Z	isichelo
N	tšhitere
T	gitere

E	wheelbarrow
A	kruiwa
X	ikiliva
Z	ibhala
N	kiribane
T	kiriba

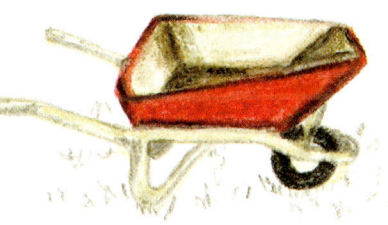

E	English	FARM	Z	Zulu	IFAMU/IPULAZI
A	Afrikaans	PLAAS	N	Northern Sotho	POLASA
X	Xhosa	IFAMA	T	Tswana	POLASE

E	bridle
A	toom
X	umkhala
Z	itomu
N	tomo
T	tomo

E	farmhouse
A	plaashuis
X	umzi womlimi
Z	indlu yepulazi
N	ntlo ya polasa
T	ntlo ya polase

E	harrow
A	eg
X	ierhe
Z	ihhala
N	ege
T	ege

E	dam
A	dam
X	idama
Z	idamu
N	letamo
T	letamo

E	halter
A	halter
X	ihaltile
Z	ihaliti
N	haltere
T	haltere

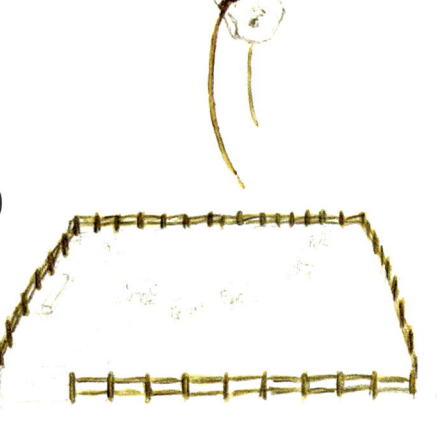

E	kraal (animals)
A	kraal
X	isibaya
Z	isibaya
N	lešaka
T	lesaka

E	orchard
A	vrugteboord
X	ibhoma
Z	ingadi yemithi yezithelo
N	serapa sa dikenywa
T	tshimo ya maungo

E	plough
A	ploeg
X	ikhuba
Z	igeja
N	mogoma
T	mogoma

E	reservoir
A	opgaardam
X	idama
Z	idamu
N	letamo
T	letamo

E	saddle
A	saal
X	isali
Z	isihlalo sehhashi
N	sala
T	sale

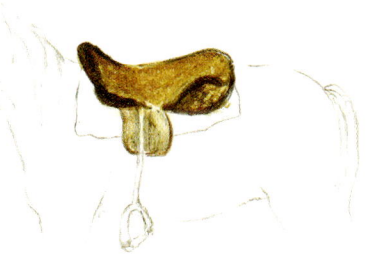

E	shed
A	skuur
X	ishedi
Z	ishede
N	leobo
T	loobo

E	silo
A	silo
X	isisele sefula
Z	isayilo
N	sešego
T	motsetelo

E	stable
A	stal
X	isitali
Z	isitebele
N	setala
T	setale

E	stirrup
A	stiebeuel
X	istibili
Z	isitibili
N	bogato bja sala
T	tlhatlosi

E	vineyard
A	wingerd
X	isidiliya
Z	isivini
N	serapa sa meterebe
T	segotlo sa merara

E	windmill
A	windpomp
X	iphiko
Z	iwindimili
N	sefeufeu
T	lefetlho

E	English	TOWN	Z	Zulu	IDOLOBHA
A	Afrikaans	STAD	N	Northern Sotho	TOROPO
X	Xhosa	IDOLOPHU	T	Tswana	TOROPO

E bridge A brug X ibhulorho Z ibhuloho N moratho T moratho	

E bus stop A bushalte X isitishi seebhasi Z isitophu sebhasi N boemapese T maemo a bese	

E cemetery A begraafplaas X amangcwaba Z amangcwaba N mabitleng T mabitla	

E church A kerk X icawa Z isonto N kereke T kereke	

E fountain A fontein X umthombo Z umthombo N mothopo T motswedi	

E road A straat X indlela Z umgwaqo N tsela T tsela	

E	robot
A	verkeerslig
X	irobhothi
Z	irobhothi
N	roboto
T	roboro

E	school
A	skool
X	isikolo
Z	isikole
N	sekolo
T	sekolo

E	English	STATION	Z	Zulu	ISITESHI
A	Afrikaans	STASIE	N	Northern Sotho	SETEIŠENE
X	Xhosa	ISITISHI	T	Tswana	SETEIŠENE

E luggage A bagasie X impahla Z umthwalo N morwalo T dithoto	

E passenger A passasier X umkhweli Z umkhweli N monamedi T mopalami	

E platform A platform X iplatfomu Z ipulatifomu N polatefomo T serala	

E railway line A treinspoor X isiporo Z isipolo N seporo T seporo	

E signal A sinjaal X umqondiso Z isigneli N temoši T sekai	

E ticket A kaartjie X itikiti Z ithikithi N thekethe T thekethe	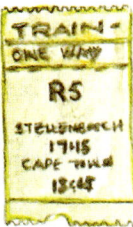

E	train
A	trein
X	uloliwe
Z	isitimela
N	setimela
T	setimela

E	tunnel
A	tonnel
X	itonela
Z	ithonela
N	tonele
T	mogogoro

E	English	POST OFFICE	Z	Zulu	IPOSI
A	Afrikaans	POSKANTOOR	N	Northern Sotho	POSKANTORO
X	Xhosa	IPOSI	T	Tswana	POSONG

E envelope A koevert X imvulophu Z imvilophu N omfolopo T enfelopo	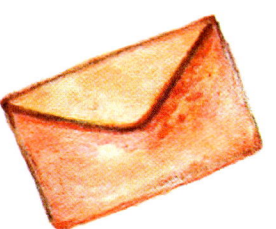

E letter A brief X incwadi Z incwadi N lengwalo T lekwalo	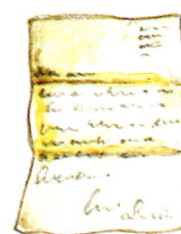

E mail A pos X iposi Z iposi N poso T poso	

E mailbag A possak X ingxowa yeposi Z isaka leposi N mokotla wa poso T kgetši ya poso	

E parcel A pakkie X ipasile Z iphasela N phasela T phasele	

E postbox A posbus X ibhokisi yokuposa Z ibhokisi leposi N lepokisi la poso T lebokoso la poso	

E	postcard
A	poskaart
X	iposikhadi
Z	iposikhadi
N	poskarata
T	posokarata

E	public telephone
A	openbare telefoon
X	ifowuni kawonke-wonke
Z	ucingo lomphakathi
N	mogala wa mang le mang
T	mogala-tlhaeletsano wa botlhe

E	stamp
A	seël
X	istampu
Z	isitembu
N	setempe
T	setempe

E	English	SCHOOL	Z	Zulu	ISIKOLE
A	Afrikaans	SKOOL	N	Northern Sotho	SEKOLO
X	Xhosa	ISIKOLO	T	Tswana	SEKOLO

E	book
A	boek
X	incwadi
Z	incwadi/ibhuku
N	puku
T	buka

E	calculator
A	sakrekenaar
X	umatshini wokubala
Z	umshini wokubala
N	sebadi
T	sebalela

E	chalk
A	bordkryt
X	itshokwe
Z	ishoki
N	tšhoko
T	tšhoko

E	chalkboard
A	skryfbord
X	ibhodi
Z	ibhodi lokubhala ngoshoki
N	letlapa la tšhoko
T	patitšhoko

E	crayon
A	vetkryt
X	ikreyoni
Z	ikhilayoni
N	krayone
T	kheraeyone

E	desk
A	lessenaar
X	idesika
Z	idesiki
N	teseke
T	teseke

E	eraser/rubber
A	uitveër
X	irabha
Z	irabha
N	raba
T	rabara

E	koki
A	koki
X	ikoki
Z	ikhokhi
N	khokhi
T	khoki

E	pencil
A	potlood
X	ipensile
Z	ipensele
N	phensele
T	phensele

E	globe
A	aardbol
X	iglobhu
Z	igilobhu
N	nkgokolofase
T	kgolofatshe

E	pen
A	pen
X	usiba
Z	ipeni
N	pene
T	pene

E	ruler
A	liniaal
X	irula
Z	irula
N	rula
T	rula

E	scissors
A	skêr
X	isikere
Z	isikele
N	sekero
T	sekere

E	sharpener
A	skerpmaker
X	umatshini wokulola ipensile
Z	umshini wokulola ipensele
N	seloutšo
T	selotsi

E	textbook
A	handboek
X	incwadi yesikhokelo
Z	ibhuku lesifundo
N	pukukgakolio
T	bukakgakololo

34

E	English	HOSPITAL	Z	Zulu	ISIBHEDLELA
A	Afrikaans	HOSPITAAL	N	Northern Sotho	SEPETLELE
X	Xhosa	ISIBHEDLELE	T	Tswana	SEPETLELE

E	bandage
A	verband
X	ibhandeji
Z	ibhandishi
N	mmofo
T	sefapo

E	pill/tablet
A	pil
X	ipilisi
Z	iphilisi
N	pilisi
T	pilisi

E	plaster of Paris
A	gips
X	isamente
Z	ukhonkolo
N	samente
T	samente

E	drip
A	drup
X	idriphu
Z	idriphu
N	tripi
T	teripi

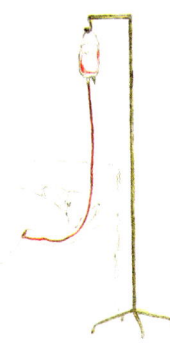

E	plaster (sticking)
A	pleister
X	iplasta
Z	iplasta
N	semamatletšo
T	semanego

E	sling
A	hangverband
X	isilingi
Z	isilingi
N	silingi
T	segole

E	stethoscope	
A	stetoskoop	
X	ixilongo logqirha	
Z	isipopolo	
N	steteskopo	
T	sethetosekoupo	

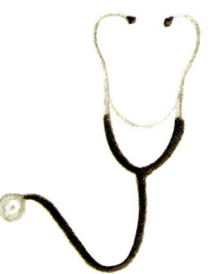

E	syringe
A	spuitnaald
X	isirinji
Z	isirinji
N	kurumane
T	sepeiti

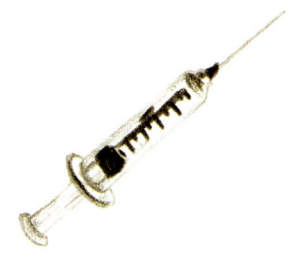

E	thermometer
A	koorspen
X	ithermometa
Z	ithimomitha
N	themometa
T	themomethara

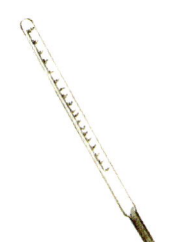

E	trolley
A	trollie
X	itroli
Z	ithiloli
N	teroli
T	teroli

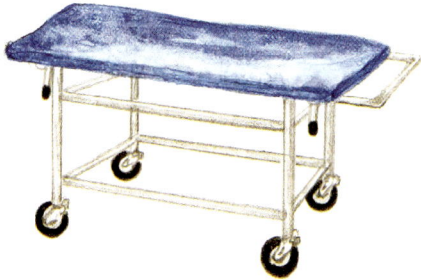

E	wheelchair
A	rolstoel
X	isitulo esinamavili
Z	isihlalo esinamasondo
N	leotwanasetulo
T	setiloteti

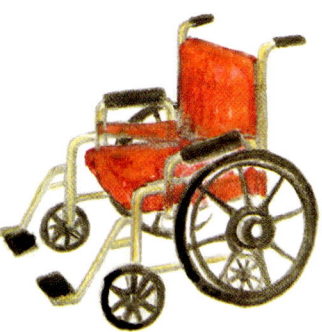

E	wound
A	wond
X	inxeba
Z	inxeba
N	ntho
T	ntho

E	English	DISEASE	Z	Zulu	ISIFO
A	Afrikaans	SIEKTE	N	Northern Sotho	BOLWETŠI
X	Xhosa	ISIFO	T	Tswana	BOLWETSE

E	Aids
A	Vigs
X	Aids
Z	Aids
N	Aids
T	Eitsi

E	asthma
A	asma
X	umbefu
Z	umbefu
N	asema
T	asema

E	bilharzia
A	bilharzia
X	ibhilhaziya
Z	isichenene
N	bilhazia
T	thotamadi

E	blister
A	blaas
X	idyungudyungu
Z	intshabusuku
N	lephone
T	pudula

E	cancer
A	kanker
X	umhlaza
Z	umhlaza
N	kankere
T	kankere

E	chest pain
A	borspyn
X	iintlungu zesifuba
Z	ubuhlungu besifuba
N	sehlabi sa sehuba
T	ditlhabi tsa mafatlha

E	chicken pox
A	waterpokkies
X	irhashalala
Z	inqubulun-jwana
N	mabora
T	thutlwa

E	cholera
A	cholera
X	ikholera
Z	ikholera
N	kholera
T	kholera

E	cold
A	verkoue
X	umkhuhlane
Z	umkhuhlane
N	mpshikela
T	mofikela

E	cough
A	hoes
X	ukukhohlela
Z	ukukhwe-hlela
N	sehuba
T	kgotlholo

E	depression
A	depressie
X	ukudakumba
Z	ukhwantalala iziyane
N	tšhayo
T	sekuti

E	diabetes
A	suikersiekte
X	isifo seswekile
Z	idayabhithisi
N	taepitisi
T	bolwetse jwa sukiri

E diarrhoea
A diarree
X isisu segazi
Z uhudu
N letšhollo
T letshololo

E diphtheria
A witseerkeel
X ukubola komqala
Z uxhilo
N difeteria
T mometso-o-mosweu

E earache
A oorpyn
X indlebe ebuhlungu
Z ubuhlungu bendlebe
N sehlabi sa tsebe
T setlhabi sa tsebe

E flu
A griep
X iflu
Z iflu
N mokgohlane
T mokgotlhwane

E headache
A hoofpyn
X intloko ebuhlungu
Z ukuphathwa ikhanda a
N opša ke hlogo
T opiwa ke tlhogo

E heart attack
A hartaanval
X isifo sentliziyo
Z ukuhlaselwa isifo senhlizinyo
N bolwetši bja pelo
T bolwetse ba pelo

E high blood pressure
A hoë bloeddruk
X ihayihayi
Z umfutho wegazi ophakeme
N madi a magolo
T madi a magolo

E mumps
A pampoentjies
X uqwilikane
Z uzagiga
N mauwe
T mauwe

E pneumonia
A longontsteking
X ukukrala kwemiphunga
Z izibhobo
N nyumonia
T nyumonia

E measels
A masels
X imasisi
Z isimungu-mungwane
N mooko
T mmoko

E pain
A pyn
X intlungu
Z ubuhlungu
N bohloko
T botlhoko

E polio
A polio
X ipoliyo
Z ipholiyo
N polio
T pholio

E snake bite
A slangbyt
X ukulunywa yinyoka
Z ukulunywa yinyoka
N go longwa ke noga
T molomo wa noga

E stomachache
A maagpyn
X isisu esibuhlungu
Z ishaka
N go longwa ke mala
T botlhoko jwa mala

E whooping cough
A kinkhoes
X unkonkonko
Z ukhohlokhohlo
N kotokoto
T kgookgoo

E sore throat
A seer keel
X umqala obuhlungu
Z umphimbo obuhlungu
N mogolo o bohloko
T mometso o o botlhoko

E toothache
A tandpyn
X ukuba namazinyo abuhlungu
Z ubuhlungu bezinyo
N go thunya ga leino
T setlhabi sa leino

E	English	WORKSHOP	Z	Zulu	ISHABHU
A	Afrikaans	WERKSWINKEL	N	Northern Sotho	BOŠOMELO
X	Xhosa	INDLU YOKUSEBENZELA	T	Tswana	BODIRELO

E	awl
A	els
X	inyatyhoba
Z	usungulo
N	moropola
T	thoko

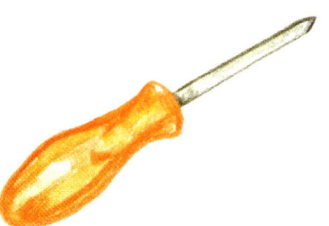

E	bolt
A	bout
X	ibholiti
Z	ibhawoti
N	pautu
T	boutu

E	chisel
A	beitel
X	itshizili
Z	ishizolo
N	tšhisele
T	tšhisele

E	drill
A	boor
X	ibhola
Z	ibhola
N	boro
T	boro

E	file
A	vyl
X	ifili
Z	ifayili
N	feile
T	feile

E	hammer
A	hamer
X	isando
Z	isando
N	noto
T	noto

E ladder	
A leer	
X ileli	
Z iladi	
N llere	
T llere	

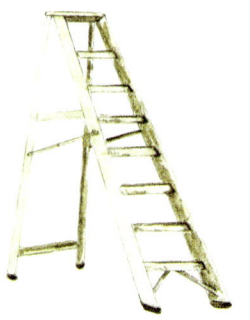

E nail	
A spyker	
X isikhonkwane	
Z isipikili	
N sepikiri	
T sepekere	

E nut	
A moer	
X imortyisi	
Z inati	
N mmuru	
T mmura	

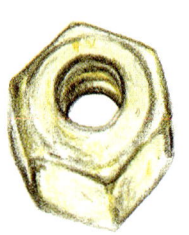

E paint	
A verf	
X ipeyinti	
Z upende	
N pente	
T pente	

E paintbrush	
A verfkwas	
X ibrashi yokupeyinta	
Z ibhulashi lokupende	
N porosolo ya go pente	
T boraše jwa go pente	

E pliers	
A knyptang	
X iplayazi	
Z udlawana	
N kinipitane	
T kinipitang	

E	saw
A	saag
X	isarha
Z	isaha
N	saga
T	saga

E	screw
A	skroef
X	isikrufu
Z	isikulufo
N	sekurufu
T	sekurufu

E	screwdriver
A	skroewedraaier
X	isikudilayiva
Z	isikrudrayiva
N	setšhophakurufu
T	sesokakurufu

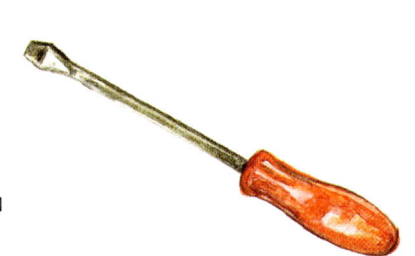

E	shelf
A	rak
X	ishelufu
Z	ishalofu
N	raka
T	raka

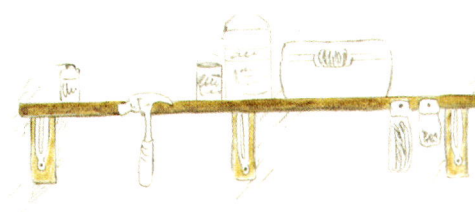

E	spanner
A	moersleutel
X	isipanela
Z	isipanela
N	sepanere
T	sepanere

E	trowel
A	troffel
X	itrofolo
Z	itrofula
N	torofolo
T	torofole

133

E	washer
A	waster
X	iwasha
Z	iwashela
N	wašere
T	wašara

E	workbench
A	werkbank
X	ibhentshi yokusebenzela
Z	ibhentshi lokusebenzela
N	panka ya go šomela
T	tafole ya mmetli

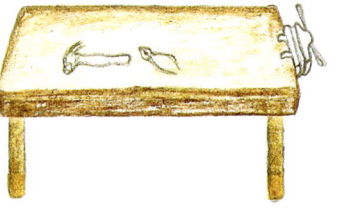

E	English	SEA	Z	Zulu	ULWANDLE
A	Afrikaans	SEE	N	Northern Sotho	LEWATLE
X	Xhosa	ULWANDLE	T	Tswana	LEWATLE

E	dune
A	duin
X	indunduma
Z	indunduma
N	mmoto wa mohlah
T	popoma

E	island
A	eiland
X	isiqithi
Z	isiqhingi
N	sehlakahlaka
T	setlhaketlhake

E	lighthouse
A	vuurtoring
X	isibane solwc
Z	isibani sasolv
N	ntloseetša
T	ntlwana kgar

E	rock
A	rots
X	iliwa
Z	idwala
N	leswika
T	lefika

E	shell
A	skulp
X	unokrwece
Z	inkwindi
N	kgapetlana
T	kgopana

E	seaweed
A	seewier
X	ingca yolwandle
Z	ulele lwasolwandle
N	bjangwatle
T	bolele

E	surfboard
A	branderplank
X	iplanga lokudada
Z	ibhodi lokubhukuda
N	podi ya go rutha
T	boroto ya go thuma

E	wave
A	brander
X	iliza
Z	igagasi
N	lephoto
T	lekhubu

E	English	TRANSPORT	Z	Zulu	INTILASIPOTI
A	Afrikaans	VERVOER	N	Northern Sotho	THOTHO
X	Xhosa	ISITHUTHI	T	Tswana	DINAMELWA

E	aeroplane
A	vliegtuig
X	inqwelomoya
Z	ibhanoyi
N	sefofane
T	sefofane

E	ambulance
A	ambulans
X	iambulensi
Z	iambulense
N	ambulanse
T	emelense

E	bakkie
A	bakkie
X	ibhaki
Z	iveni
N	paki
T	bene

E	bicycle
A	fiets
X	ibhayisikile
Z	ibhayisikili
N	paesekela
T	baesekele

E	boat
A	boot
X	isikhephe
Z	isikebhe
N	seketswana
T	seketswana

E	bus
A	bus
X	ibhasi
Z	ibhasi
N	pese
T	bese

E	canoe
A	kano
X	iphenyane
Z	isikejane
N	mokoro
T	mokoro

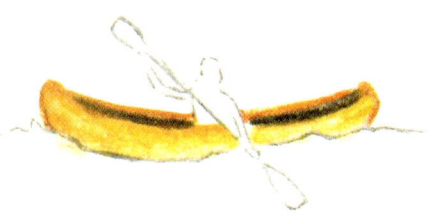

E	car
A	motor
X	imoto
Z	imoto
N	mmotoro
T	mmotorokara

E	caravan
A	woonwa
X	ikharavani
Z	ikharavani
N	karabane
T	karafane

E	cart
A	karretjie
X	ikari
Z	ikalishi
N	kariki
T	kariki

E	helicopter
A	helikopter
X	ihelikopta
Z	ihelikhopta
N	helikoptere
T	helikopetara

E	kombi
A	kombi
X	ikhumbi
Z	ikhumbi
N	khumbi
T	khombi

E	locomotive
A	lokomotief
X	intloko kaloliwe
Z	ikhanda lesitimela
N	hlogo ya setimela
T	tlhogo ya setimela

E	lorry
A	lorrie
X	ilori
Z	iloli
N	lori
T	llori

E	motorcycle
A	motorfiets
X	isithuthuthu
Z	isithuthuthu
N	sethuthuthu
T	sethuthuthu

E	raft
A	vlot
X	isihlenga
Z	isihlenga
N	sephaphami
T	moratho

E	scooter
A	bromponie
X	isikuta
Z	isikuta
N	sekuta
T	sekutara

E	submarine
A	duikboot
X	inkwili
Z	ingwenya yasolwandle
N	sapmarine
T	sekepe sa tlasealewatle

E	taxi
A	taxi
X	iteksi
Z	ithekisi
N	tekisi
T	thekisi

E	tractor
A	trekker
X	itrekta
Z	ithrektha
N	terekere
T	terekere

E	trailer
A	sleepwa
X	itreyila
Z	inqodlwana edonswa ngemuva kwemoto
N	koloi
T	koloi

E	train
A	trein
X	uloliwe
Z	isitimela
N	setimela
T	setimela

E	tug
A	sleepboot
X	udokolwana
Z	ingalawana
N	sekepekgogi
T	segogakepe

E	yacht
A	seiljag
X	isikhitshane
Z	iyothi
N	seketswana sa diseila
T	seketswana sa diseila

E	English	SPORT		Z	Zulu	IMIDLALO
A	Afrikaans	SPORT		N	Northern Sotho	DIPAPADI
X	Xhosa	IMIDLALO		T	Tswana	METSHAMEKO

E athletics
A atletiek
X iiathiletiki
Z imidlalo yama athilethiki
N atletiki
T atleletiki

E baseball
A bofbal
X umdlalo webhola
Z ibheyisibhola
N peisebolo
T bofobolo

E bowls
A rolbal
X iibhowuli
Z amabholi
N malahledi
T dibaole

E boxing
A boks
X umdlalo wamanqindi
Z isibhakela
N tša matswele
T mabole

E cricket
A krieket
X ikrikethi
Z ikhilikithi
N khrikhete
T kherikete

E golf
A gholf
X igalufa
Z igalofu
N kolofo
T kolofo

E	hockey
A	hokkie
X	ihoki
Z	ihoki
N	hoki
T	kgwele

E	judo
A	judo
X	ijudo
Z	ijudo
N	juto
T	juto

E	karate
A	karate
X	ikarati
Z	ikarati
N	karate
T	karate

E	netball
A	netbal
X	ibhola yomnyazi
Z	ibhola lokunqakisana
N	kgwele ya diatla
T	netebolo

E	Olympic Games
A	Olimpiese Spele
X	Imidlalo yeOlimpiki
Z	Imidlalo yeOlimpiki
N	Dipapadi tša Olimpiki
T	Metshameko ya Olimpiki

E	rugby
A	rugby
X	iragbhi/umbhoxo
Z	iragbhi
N	rakbi
T	rakabi

E soccer
A sokker
X isoka
Z unobhutshuzwayo
N kgwele ya maoto
T sokere

E swimming
A swem
X ukudada
Z ukubhukuda
N go rutha
T go thuma

E tennis
A tennis
X ithenisi/intenetya
Z ithenisi
N thenisi
T thenese

E wrestling
A stoei
X umdlalo wokungqulana
Z umdlalo wokubambana
N katano
T mokampano

E ball
A bal
X ibhola
Z ibhola
N bolo
T bolo

E boxing glove
A bokshandskoen
X iglavu yeembethimanqindi
Z igilavu lesibhakela
N tlelafo ya matswele
T tlelafo tsa mabole

E	fishing rod	
A	visstok	
X	intonga yokuloba	
Z	uthi lokudoba	
N	kobihlapi	
T	kobitlhapi	

E	golf ball	
A	gholfbal	
X	ibhola yegalufa	
Z	ibhola yegalofu	
N	bolo ya kolofo	
T	bolo ya kolofo	

E	golf club	
A	gholfstok	
X	induku yegalufa	
Z	induku yegalofu	
N	patla ya kolofo	
T	thobane ya kolofo	

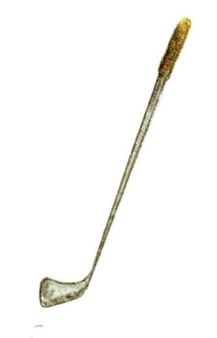

E	hockey stick	
A	hokkiestok	
X	induku yehoki	
Z	induku yehoki	
N	patla ya hoki	
T	thobane ya kgwele	

E	racket	
A	raket	
X	irakethi	
Z	irekhethe	
N	rakhete	
T	rakete	

E	scoreboard	
A	telbord	
X	ibhodi yamanqaku	
Z	ibhodi lesko	
N	poto ya dintlha	
T	patinosa	

E	stadium
A	stadion
X	istediyam
Z	inkundla yemidlalo
N	lepatlelo
T	lepatlelo

E	tennis court
A	tennisbaan
X	ibala lentenetya
Z	inkundla yethenisi
N	lebala ya thenisi
T	lebala la thenese

E	trophy
A	trofee
X	indebe
Z	indebe
N	sefoka
T	sekgele

E	English	MUSIC	Z	Zulu	UMNYUZIKI
A	Afrikaans	MUSIEK	N	Northern Sotho	MMINO
X	Xhosa	UMCOLO	T	Tswana	MMINO

E	accordian
A	trekklavier
X	ikhodiyane
Z	inkositini esalupiyane
N	pianotamolwa
T	akordiono

E	banjo
A	banjo
X	ibhanjo
Z	ibhenjo
N	pentšu
T	banjo

E	cymbal
A	simbaal
X	ixina
Z	isimbali
N	simpale
T	simbala

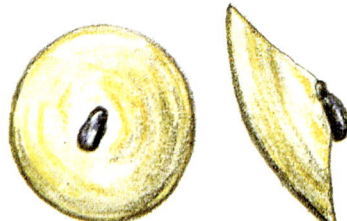

E	drum
A	drom
X	igubu
Z	isigubhu
N	moropa
T	moropa

E	flute
A	fluit
X	ifleyiti
Z	umtshingo
N	flute
T	fulutu

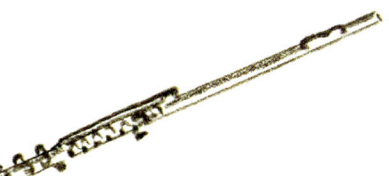

E	guitar
A	kitaar
X	isiginkci
Z	isiginci
N	katara
T	katara

E	harmonica
A	mondfluitjie
X	ifleyiti
Z	imfiliji
N	seletšo sa hamonika
T	foleiki

E	harp
A	harp
X	ihaphu
Z	uhabhu
N	harepa
T	harepa

E	keyboard
A	klawerbord
X	ikhibhodi
Z	ikhibhodi
N	khipoto
T	khiboto

E	organ
A	orrel
X	uhadi/i-ogani
Z	ugubhu/iogani
N	kwadi
T	kwadi

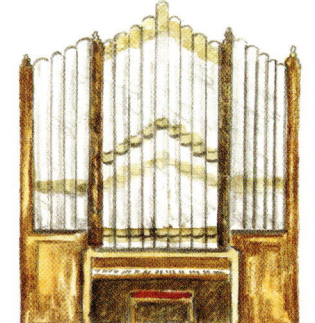

E	piano
A	klavier
X	ipiyano
Z	upiyane
N	piano
T	piano

E	radio
A	radio
X	irediyo
Z	irediyo
N	radio
T	seromamowa

E tambourine	
A tamboeryn	
X intambula	
Z ithamborini	
N moropana	
T moropana	

E trumpet	
A trompet	
X ixilongo	
Z icilongo	
N trompeta	
T terompeta	

E violin	
A viool	
X ivayolini	
Z ivayolini	
N fiolo	
T bayolini	

E xylophone	
A xilofoon	
X izayilofoni	
Z izilifoni	
N silofone	
T saelefono	

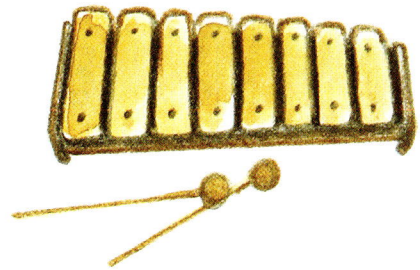

E	English	GEOGRAPHY	Z	Zulu	IJIYOGILAFU
A	Afrikaans	AARDRYKSKUNDE	N	Northern Sotho	THUTAFASE
X	Xhosa	IJOGRAFI	T	Tswana	THUTAFATSHE

E	Africa
A	Afrika
X	iAfrika
Z	iAfrika
N	Afrika
T	Aforika

E	America
A	Amerika
X	iMelika
Z	iMelika
N	Amerika
T	Amerika

E	Angola
A	Angola
X	iAngola
Z	iAngola
N	Angola
T	Ankola

E	Asia
A	Asië
X	iAsiya
Z	iEshiya
N	Ešia
T	Ešia

E	Atlantic Ocean
A	Atlantiese Oseaan
X	Ulwande lweAtlantikhi
Z	Ulwande iAtlantiki
N	Lewatle la Atlantika
T	Lewatla la Atlelanthike

E	Bloemfontein
A	Bloemfontein
X	iBlomfonteni
Z	iBhulumfonteyini
N	Mangaung
T	Mangaung

E	Botswana
A	Botswana
X	iButswana
Z	iBotswana
N	Botswana
T	Botswana

E	Cape Town
A	Kaapstad
X	iKapa
Z	iKapa
N	Kapa
T	Kapa

E	Durban
A	Durban
X	iThekwini
Z	eThekwini
N	Thekong
T	Thekong

E	east
A	oos
X	impumalanga
Z	imphumalanga
N	bohlabela
T	botlhaba

E	East London
A	Oos-Londen
X	iMonti
Z	iMonti
N	Bohlaba bja
T	Botlhaba bja

E	England
A	Engeland
X	iNgilani
Z	iNgilandi
N	Engelane
T	Engelane

E	Europe
A	Europa
X	iYurophu
Z	iYurophu
N	Yuropa
T	Yuropa

E	France
A	Frankryk
X	iFransi
Z	i-France
N	Fora
T	Fora

E	Free State
A	Vrystaat
X	iFreyistata
Z	iFreyisitata
N	Freistata
T	Foreisitata

E	Gauteng
A	Gauteng
X	iRhawuti
Z	Igawuteng
N	Gauteng
T	Gauteng

E	Indian Ocean
A	Indiese Oseaan
X	Ulwandle lwaseIndiya
Z	Ulwandle iIndiya
N	Lewatle la India
T	Lewatle la Intia

E	Japan
A	Japan
X	iJapani
Z	iJapani
N	Japane
T	Japane

E Johannesburg
A Johannesburg
X iGoli
Z iGoli
N Gauteng
T Gauteng

E Kimberley
A Kimberley
X iKhimbali
Z iKhimbili
N Taemaneng
T Taemaneng

E KwaZulu-Natal
A Kwazulu-Natal
X KwaZulu-Natala
Z KwaZulu-Natali
N KwaZulu-Natala
T KwaZulu-Natala

E Limpopo
A Limpopo
X iLimpompo
Z iLimpopo
N Limpopo
T Limpopo

E Mozambique
A Mosambiek
X iMozambiki
Z iMozambique
N Mozambique
T Mosambiki

E Mpumalanga
A Mpumalanga
X iMpumalanga
Z iMpumalanga
N Mpumalanga
T Mpumalanga

E	Namibia
A	Namibië
X	iNamibiya
Z	iNamibia
N	Namibia
T	Namibia

E	north
A	noord
X	umntla
Z	inyakatho
N	leboa
T	bokone

E	North West
A	Noordwes
X	uMntla Ntshona
Z	Nyakatho-Ntshonalanga
N	Leboa-Bodikela
T	Bokone-Bophirima

E	Polokwane
A	Polokwane
X	iPulukwane
Z	iPulukwane
N	Polokwane
T	Polokwane

E	Port Elizabeth
A	Port Elizabeth
X	iBhayi
Z	iBhayi
N	Port Elizabeth
T	Port Elizabeth

E	Pretoria
A	Pretoria
X	iPitoli
Z	iPitoli
N	Tshwane
T	Tshwane

E Republic of South Africa
A Republiek van Suid-Afrika
X iRiphabliki yase Mzantsi Afrika
Z iRiphabliki yaseNingizimu Afrika
N Rephaboliki ya Afrika-Borwa
T Rhephaboliki ya Aforika Borwa

E south
A suid
X umzantsi
Z iningizimu
N borwa
T borwa

E Swaziland
A Swaziland
X iSwazini
Z iSwazini
N Swatseng
T Swatsing

E west
A wes
X intshonalanga
Z intshonalanga
N bodikela
T bophirima

E Zambia
A Zambië
X iZambiya
Z iZambia
N Zambia
T Zambia

E Zimbabwe
A Zimbabwe
X iZimbabhwe
Z iZimbabwe
N Zimbabwe
T Zimbabwe

E	English	GENERAL	Z	Zulu	VAMILE
A	Afrikaans	ALGEMEEN	N	Northern Sotho	KAKARETŠO
X	Xhosa	JIKELELE	T	Tswana	KAKARETSO

E alphabet	
A alfabet	
X ialfabheti	
Z ialfabheti	
N alfabete	
T alfabete	

E angel	
A engel	
X ingelosi	
Z ingelosi	
N morongwa	
T moenggele	

E balloon	
A ballon	
X ibhaluni	
Z ibhaluni	
N palune	
T balono	

E bangle	
A armband	
X isacholo	
Z ibhengele	
N leseka	
T leseka	

E beads	
A krale	
X amaso	
Z uhublalu	
N dipheta	
T dibaga	

E bell	
A klok	
X intsimbi	
Z insimbi	
N tšhipi	
T tshipi	

E	box
A	boks
X	ibhokisi
Z	ibhokisi
N	lepokisi
T	lepokoso

E	brush
A	borsel
X	ibhrashi
Z	ibhulashi
N	porosolo
T	borosolo

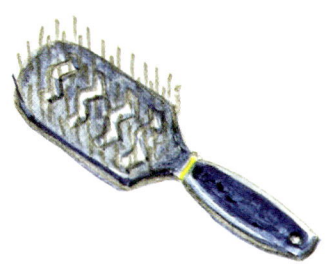

E	camera
A	kamera
X	ikhamera
Z	ikhamera
N	khamera
T	kamera

E	candle
A	kers
X	ikhandlela
Z	ikhandlela
N	kerese
T	kerese

E	cave
A	grot
X	umqolomba
Z	umgede
N	legaga
T	legaga

E	cellphone
A	selfoon
X	iselfowuni
Z	iselula
N	mogalathekeng
T	selula

E	cigarette
A	sigaret
X	isigarethi
Z	usikilidi
N	sekerete
T	sekerete

E	cloud
A	wolk
X	ilifu
Z	ifu
N	leru
T	leru

E	coffin
A	doodskis
X	ibhokisi yomngcwaba
Z	ibhokisi lokungcwaba
N	lekase
T	lekese

E	comb
A	kam
X	ikama
Z	ikamu
N	kamo
T	kamo

E	credit card
A	kredietkaart
X	ikhadi lokukwelita
Z	ikhadi lekhredithi
N	karatakhodi
T	karata ya kerediti

E	doll
A	pop
X	popi
Z	udoli
N	popi
T	popo

E	earring
A	oorbel
X	icici
Z	icici
N	lengina
T	lengena

E	feather
A	veer
X	usiba
Z	uphaphe
N	lefofa
T	lefofa

E	flag
A	vlag
X	iflegi
Z	ifulegi
N	folaga
T	folaga

E	ghost
A	spook
X	isiporho
Z	isipoki
N	sepoko
T	sepoko

E	gun
A	geweer
X	umpu
Z	isibhamu
N	sethunya
T	tlhobolo

E	lipstick
A	lipstiffie
X	isigcobisi semilebe
Z	iruji
N	setlotšamolomo
T	setlolo sa molomo

E	map
A	kaart
X	imaphu
Z	imephu
N	mmepe
T	mmepe

E	match
A	vuurhoutjie
X	imatshisi
Z	umentshisi
N	lehlokwa
T	letlhokwa

E	mountain
A	berg
X	intaba
Z	intaba
N	thaba
T	thaba

E	necklace
A	halssnoer
X	intsimbi yomqala
Z	umgaxo
N	pheta
T	ditalama

E	needle
A	naald
X	inaliti
Z	inaliti
N	nalete
T	lemao

E	purse
A	beursie
X	isipaji
Z	isikhwama semali
N	sekgwama
T	sekgwama

E	rainbow
A	reënboog
X	umnyama
Z	uthingo lwenkosazana
N	molalatladi
T	molagodimo

E	revolver
A	rewolwer
X	ivolovolo
Z	ivolovolo
N	raborolo
T	raborolo

E	ring
A	ring
X	umsesane
Z	indandatho
N	palamonwana
T	palamonwana

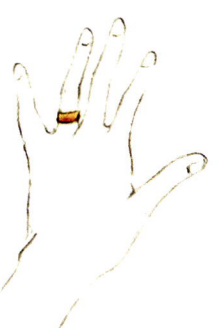

E	river
A	rivier
X	umlambo
Z	umfula
N	noka
T	noka

E	rope
A	tou
X	intambo
Z	indophi
N	mogala
T	mogala

E	safety pin
A	haakspeld
X	isipeliti
Z	isiqhobosho
N	sepelete
T	sepelete

E	spectacles/glasses
A	bril
X	iindondo
Z	izibuko zamehlo
N	dipeketsana
T	borele

E	spider's web
A	spinnerak
X	indlu yesigcawu
Z	ubulwembu
N	letata la segokgo
T	bobi

E	sun
A	son
X	ilanga
Z	ilanga
N	letšatši
T	letsatsi

E	telescope
A	teleskoop
X	iteleskopu
Z	isibonakude
N	thelesekopo
T	thelesekopo

E	tombstone
A	grafsteen
X	ilitye lengcwaba
Z	itshe lethuna
N	letlapa la lebitla
T	letlapa la phupu

E	torch
A	flits
X	itotshi
Z	ithoshi
N	thotšhi
T	lobone

E	umbrella
A	sambreel
X	isambrela
Z	isambulela
N	samporele
T	sekhukhu

E	volcano
A	vulkaan
X	intabamlilo
Z	intabamlilo
N	bolkano
T	lekwamolelo

E	waterfall
A	waterval
X	ingxangxasi
Z	impophoma
N	phororo
T	lephothoselo

E	wheel
A	wiel
X	ivili
Z	isondo
N	leotwana
T	leotwana

E	wool
A	wol
X	uboya
Z	uvolo
N	boya
T	boboa

E	English	PLURALS	Z	Zulu	UBUNINGI
A	Afrikaans	MEERVOUDE	N	Northern Sotho	BONTŠHI
X	Xhosa	ISININZI	T	Tswana	BONTSI

E	ankle
A	enkel
X	iqatha
Z	iqakala
N	kokoilane
T	legwejana

E	ankles
A	enkels
X	amaqatha
Z	amaqakala
N	dikokoilane
T	magwejana

E	ant
A	mier
X	imbovane
Z	intuthwane
N	tšhošane
T	tshoswane

E	ants
A	miere
X	iimbovane
Z	izintuthwane
N	ditšhošane
T	ditshoswane

E	apple
A	appel
X	iapile
Z	iapula
N	apola
T	apole

E	apples
A	appels
X	ama-apile
Z	ama-apula
N	diapola
T	diapole

E arm			**E** arms	
A arm			**A** arms	
X ingalo			**X** iingalo	
Z ingalo			**Z** izingalo	
N letsogo			**N** matsogo	
T letsogo			**T** matsogo	

E baby			**E** babies	
A baba			**A** babas	
X usana			**X** iintsana	
Z umntwana			**Z** abantwana	
N lesea			**N** masea	
T lesea			**T** masea	

E baboon			**E** baboons	
A bobbejaan			**A** bobbejane	
X imfene			**X** iimfene	
Z imfene			**Z** izimfene	
N tšhwene			**N** ditšhwene	
T tshwene			**T** ditshwene	

E banana
A piesang
X ibhanana
Z ubhanana
N panana
T panana

E bananas
A piesangs
X iibhanana
Z obhanana
N dipanana
T dipanana

E bird
A voël
X intaka
Z inyoni
N nonyana
T nonyane

E birds
A voëls
X iintaka
Z izinyoni
N dinonyana
T dinonyane

E boy
A seun
X inkwenkwe
Z umfana
N mošimane
T mosimane

E boys
A seuns
X amakhwenkwe
Z abafana
N bašimane
T basimane

E brick
A baksteen
X isitena
Z isitini
N setena
T setena

E bricks
A bakstene
X izitena
Z izitini
N ditena
T ditena

E cabbage
A kool
X ikhaphetshu
Z ikhabishi
N khabetšhe
T khabetšhe

E cabbages
A koolkoppe
X amakhaphetshu
Z amakhabishi
N dikhabetšhe
T dikhabetšhe

E cake
A koek
X ikeyiki
Z ikhekhe
N kuku
T kuku

E cakes
A koeke
X iikeyiki
Z amakhekhe
N dikuku
T dikuku

E carpet	**E** carpets
A mat	**A** matte
X ikhaphethi	**X** iikhaphethi
Z ikhaphethe	**Z** amakhaphethe
N khapete	**N** dikhapete
T khapete	**T** dikhapete

E carrot	**E** carrots
A wortel	**A** wortels
X umnqathe	**X** iminqathe
Z isaqathe	**Z** izaqathe
N segwete	**N** digwete
T segwete	**T** digwete

E cat	**E** cats
A kat	**A** katte
X ikati	**X** iikati
Z ikati	**Z** amakati
N katse	**N** dikatse
T katse	**T** dikatse

E	chair		E	chairs
A	stoel		A	stoele
X	isitulo		X	izitulo
Z	isihlalo		Z	izihlalo
N	setulo		N	ditulo
T	setulo		T	ditulo

E	cloud		E	clouds
A	wolk		A	wolke
X	ilifu		X	amafu
Z	ifu		Z	amafu
N	leru		N	maru
T	leru		T	maru

E	day		E	days
A	dag		A	dae
X	usuku		X	iintsuku
Z	usuku		Z	izinsuku
N	letšatši		N	matšatši
T	letsatsi		T	malatsi

E	dog		**E**	dogs
A	hond		**A**	honde
X	inja		**X**	izinja
Z	inja		**Z**	izinja
N	mpša		**N**	dimpša
T	ntšwa		**T**	dintšwa

E	dress		**E**	dresses
A	rok		**A**	rokke
X	ilokhwe		**X**	iilokhwe
Z	ilokwe		**Z**	amalokwe
N	mosese		**N**	mesese
T	mosese		**T**	mesese

E	duck		**E**	ducks
A	eend		**A**	eende
X	idada		**X**	amadada
Z	idada		**Z**	amadada
N	lepidipidi		**N**	mapidipidi
T	pidipidi		**T**	dipidipidi

E egg
A eier
X iqanda
Z iqanda
N lee
T lee

E eggs
A eiers
X amaqanda
Z amaqanda
N mae
T mae

E elbow
A elmboog
X ingqiniba
Z indololwane
N sejabana
T sekgono

E elbows
A elmboë
X iingqiniba
Z izindololwane
N dijabana
T dikgono

E face
A gesig
X ubuso
Z ubuso
N sefahlogo
T sefatlhego

E faces
A gesigte
X imibuso
Z imibuso
N difahlogo
T difatlhego

E	foot		E	feet
A	voet		A	voete
X	unyawo		X	iinyawo
Z	unyawo		Z	izinyawo
N	leoto		N	maoto
T	lenao		T	dinao

E	fly		E	flies
A	vlieg		A	vlieë
X	impukane		X	iimphukane
Z	impukane		Z	izimpukane
N	ntšhi		N	dintšhu
T	ntsi		T	dintsi

E	fowl		E	fowls
A	hoender		A	hoenders
X	inkuku		X	iinkuku
Z	inkukhu		Z	izinkukhu
N	kgogo		N	dikgogo
T	kgogo		T	dikgogo

E	frog
A	padda
X	isele
Z	isele
N	segwagwa
T	segwagwa

E	frogs
A	paddas
X	amasele
Z	amasele
N	digwagwa
T	digwagwa

E	game
A	speletjie
X	umdlalo
Z	umdlalo
N	papadi
T	motshameko

E	games
A	speletjies
X	imidlalo
Z	imidlalo
N	dipapadi
T	metshameko

E	glove
A	handskoen
X	iglavi
Z	igilavu
N	tlelafo
T	hanasekhune

E	gloves
A	handskoene
X	iiglavu
Z	amagilavu
N	ditlelafo
T	dihanasekhune

E	gun		**E**	guns
A	geweer		**A**	gewere
X	umpu		**X**	imipu
Z	isibhamu		**Z**	izibhamu
N	sethunya		**N**	dithunya
T	tlhobolo		**T**	ditlhobolo

E	hand		**E**	hands
A	hand		**A**	hande
X	isandla		**X**	izandla
Z	isandla		**Z**	izandla
N	seatla		**N**	diatla
T	seatla		**T**	diatla

E	hen		**E**	hens
A	hen		**A**	henne
X	isikhukukazi		**X**	izikhukukazi
Z	isikhukhukazi		**Z**	izikhukhukazi
N	kgogotshadi		**N**	dikgogotshadi
T	kgogo		**T**	dikgogo

E	horse		**E**	horses
A	perd		**A**	perde
X	ihashe		**X**	amahashe
Z	ihhashi		**Z**	amahhashi
N	pitsi		**N**	dipitsi
T	pitse		**T**	dipitse

E	hyena		**E**	hyenas
A	hiëna		**A**	hiënas
X	ingcuka		**X**	iingcuka
Z	impisi		**Z**	izimpisi
N	phiri		**N**	diphiri
T	phiri		**T**	diphiri

E	insect		**E**	insects
A	insek		**A**	insekte
X	isinambuzane		**X**	izinambuzane
Z	isinambuzane		**Z**	izinambuzane
N	khunkhwane		**N**	dikhunkhwane
T	tshenekegi		**T**	ditshenekegi

E	jam
A	konfyt
X	ijam
Z	ujamu
N	jeme
T	jeme

E	jams
A	konfyte
X	iijam
Z	ojamu
N	dijeme
T	dijeme

E	knee
A	knie
X	idolo
Z	idolo
N	letolo
T	lengole

E	knees
A	knieë
X	amadolo
Z	amadolo
N	matolo
T	mangole

E	label
A	etiket
X	ilebhile
Z	ilebula
N	sešupo
T	setshwao

E	labels
A	etikette
X	iilebhile
Z	amalebula
N	dišupo
T	ditshwao

E	leaf
A	blaar
X	igqabi
Z	ikhasi
N	letlakala
T	letlhare

E	leaves
A	blare
X	amagqabi
Z	amakhasi
N	matlakala
T	matlhare

E	leg
A	been
X	umlenze
Z	umlenze
N	leoto
T	leoto

E	legs
A	bene
X	imilenze
Z	imilenze
N	maoto
T	maoto

E	lip
A	lip
X	umlebe
Z	udebe
N	molomo
T	pounama

E	lips
A	lippe
X	imilebe
Z	izindebe
N	melomo
T	dipounama

E machine
A masjien
X umatshini
Z umshini
N motšhene
T motšhini

E machines
A masjiene
X oomatshini
Z imishini
N metšhene
T metšhini

E man
A man
X indoda
Z indoda
N monna
T monna

E men
A mans
X amadoda
Z amadoda
N banna
T banna

E marble
A albaster
X ibhastile
Z imabula
N mabola
T mmabole

E marbles
A albasters
X amabhastile
Z amamabula
N dimabola
T dimmabole

E	minute	E	minutes
A	minuut	A	minute
X	umzuzu	X	imizuzu
Z	iminithi	Z	amaminithi
N	motsotso	N	metsotso
T	motsotso	T	metsotso

E	monkey	E	monkeys
A	apie	A	apies
X	inkawu	X	iinkawu
Z	inkawu	Z	izinkawu
N	kgabo	N	dikgabo
T	kgabo	T	dikgabo

E	mountain	E	mountains
A	berg	A	berge
X	intaba	X	iintaba
Z	intaba	Z	izintaba
N	thaba	N	dithaba
T	thaba	T	dithaba

E name
A naam
X igama
Z igama
N leina
T leina

E names
A name
X amagama
Z amagama
N maina
T maina

E neck
A neck
X intamo
Z intamo
N molala
T molala

E necks
A nekke
X iintamo
Z izintamo
N melala
T melala

E onion
A ui
X itswele
Z u-anyanisi
N eie
T eie

E onions
A uie
X amatswele
Z o-anyanisi
N di-eie
T di-eie

E	page
A	bladsy
X	iphepha
Z	ikhasi
N	letlakala
T	tsebe

E	pages
A	bladsye
X	amaphepha
Z	amakhasi
N	matlakala
T	ditsebe

E	pear
A	peer
X	ipere
Z	ipheya
N	piere
T	pere

E	pears
A	pere
X	amapere
Z	amapheya
N	dipiere
T	dipere

E	pencil
A	potlood
X	ipensile
Z	ipensele
N	phensele
T	phensele

E	pencils
A	potlode
X	iipensile
Z	amapensele
N	diphensele
T	diphensele

E potato	**E** potatoes
A aartappel	**A** aartappels
X itapile	**X** amatapile
Z izambane	**Z** amazambane
N tapola	**N** matapola
T tapole	**T** ditapole

E rabbit	**E** rabbits
A konyn	**A** konyne
X umvundla	**X** imivundla
Z unogwaja	**Z** onogwaja
N mmutla	**N** mebutla
T mmutla	**T** mebutla

E rat	**E** rats
A rot	**A** rotte
X ibuzi	**X** amabuzi
Z ibuzi	**Z** amabuzi
N legotlo	**N** magotlo
T legotlo	**T** magotlo

E	road		E	roads
A	pad		A	paaie
X	indlela		X	iindlela
Z	umgwaqo		Z	imigwaqo
N	tsela		N	ditsela
T	tsela		T	ditsela

E	robber		E	robbers
A	rower		A	rowers
X	itutu		X	amatutu
Z	umphangi		Z	abaphangi
N	mohudi		N	bahudi
T	senokwane		T	dinokwane

E	shirt		E	shirts
A	hemp		A	hemde
X	ihempe		X	iihempe
Z	ihembe		Z	amahembe
N	hempe		N	dihempe
T	hempe		T	dihempe

E	shoe	E	shoes
A	skoen	A	skoene
X	isihlangu	X	izihlangu
Z	isicathulo	Z	izicathulo
N	seeta	N	dieta
T	setlhako	T	ditlhako

E	table	E	tables
A	tafel	A	tafels
X	itafile	X	iitafile
Z	itafula	Z	amatafula
N	tafola	N	ditafola
T	tafole	T	ditafole

E	tail	E	tails
A	stert	A	sterte
X	umsila	X	imisila
Z	umsila	Z	imisila
N	mosela	N	mesela
T	mogatla	T	megatla

E thief	**E** thieves
A dief	**A** diewe
X isela	**X** amasela
Z isela	**Z** amasela
N lehodu	**N** mahodu
T legodu	**T** magodu

E tree	**E** trees
A boom	**A** bome
X umthi	**X** imithi
Z umuthi	**Z** imithi
N sehlare	**N** dihlare
T setlhare	**T** ditlhare

E tyre	**E** tyres
A buiteband	**A** buitebande
X ithayara	**X** amathayara
Z ithaya	**Z** amathaya
N thaere	**N** dithaere
T thaere	**T** dithaere

E	voice		E	voices
A	stem		A	stemme
X	ilizwi		X	amazwi
Z	izwi		Z	amazwi
N	lentšu		N	mantšu
T	lentswe		T	mantswe

E	wall		E	walls
A	muur		A	mure
X	udonga		X	iindonga
Z	udonga		Z	izindonga
N	leboto		N	maboto
T	lebota		T	mabota

E	wing		E	wings
A	vlerk		A	vlerke
X	iphiko		X	amaphiko
Z	iphiko		Z	amaphiko
N	lephego		N	diphego
T	lefuka		T	mafuka

E	woman
A	vrou
X	umfazi
Z	umfazi
N	mosadi
T	mosadi

E	women
A	vroue
X	abafazi
Z	abafazi
N	basadi
T	basadi

E	word
A	woord
X	igama
Z	igama
N	lentšu
T	lefoko

E	words
A	woorde
X	amagama
Z	amagama
N	mantšu
T	mafoko

E	English	USEFUL WORDS	Z	Zulu	AMAGAMA ANOSIZO
A	Afrikaans	NUTTIGE WOORDE	N	Northern Sotho	MANTŠU A A THUŠAGO
X	Xhosa	AMAGAMA ALUNCEDO	T	Tswana	MAFOKO A A THUSANG

E ask
A vra
X buza
Z buza
N botšiša
T botsa

E bake
A bak
X bhaka
Z bhaka
N paka
T baka

E bring
A bring
X zisa
Z letha
N tliša
T tlisa

E buy
A koop
X thenga
Z thenga
N reka
T reka

E call (v)
A roep
X biza
Z biza
N bitša
T bitsa

E carry
A dra
X thwala
Z thwala
N rwala
T rwala

E	catch (v)
A	vang
X	bamba
Z	bamba
N	swara
T	tshwara

E	come
A	kom
X	za
Z	za
N	tla
T	tla

E	cook
A	kook
X	pheka
Z	pheka
N	apea
T	apaya

E	drink (v)
A	drink
X	sela
Z	phuza
N	nwa
T	nwa

E	eat
A	eet
X	tya
Z	dla
N	ja
T	ja

E	help (v)
A	help
X	nceda
Z	siza
N	thuša
T	thusa

E how?
A hoe?
X njani?
Z kanjani?
N bjang?
T jang?

E listen
A luister
X mamela
Z lalela
N theetša
T utlwelela

E many
A baie
X ninzi
Z ningi
N ntši
T ntsi

E next
A volgende
X landelayo
Z landelayo
N latelago
T latelang

E no
A nee
X hayi
Z cha
N aowa
T nnyaa

E now
A nou
X ngoku
Z manje
N bjale
T gona jaanong

E please
A asseblief
X nceda
Z ake/siza
N hle
T tsweetswee

E thank you
A dankie
X enkosi
Z ngiyabonga
N ke a leboga
T ke a leboga

E work (v)
A werk
X sebenza
Z sebenza
N dira
T dira

E stop
A stop
X yima
Z yima
N ema
T ema

E when?
A wanneer?
X nini?
Z nini?
N neng?
T leng?

E yes
A ja
X ewe
Z yebo
N ee
T ee

E	English	PHRASES	Z	Zulu	AMABINZANA
A	Afrikaans	FRASES	N	Northern Sotho	DIKAFOKO
X	Xhosa	AMABINZANA	T	Tswana	DIKAPOLELO

E How are you?
A Hoe gaan dit met jou?
X Unjani?
Z Unjani?
N O kae?
T O kae?

E Who is there?
A Wie is daar?
X Ngubani olapho?
Z Ngubani?
N Ke mang moo?
T Ke mang?

E Can I help?
A Kan ek help?
X Ndinganceda?
Z Ngingasiza na?
N Nka thuša?
T A nka thusa?

E I am fine, thank you
A Dit gaan goed, dankie
X Ndiphilile, enkosi
Z Ngisaphila
N Re gona
T Ke tsogile sentle

E What do you want?
A Wat wil jy hê?
X Ufanani?
Z Ufunani?
N O nyaka eng?
T O batla eng?

E Come here
A Kom hier
X Yiza apha
Z Woza lapha
N E tla mo
T E tla kwano

E Come in
A Kom binne
X Ngena
Z Ngena
N Ka gare
T Tsena

E Follow me
A Volg my
X Ndilandele
Z Ngilandele
N Ntšhale morago
T Ntshale morago

E What is you name?
A Wat is jou naam?
X Ungubani igama lakho?
Z Ubani igama lakho?
N Leina la gago ke mang?
T Leina la gago ke mang?

E My name is …
A My naam is …
X Igama lam ngu…
Z Igama lami ngingu…
N Leina la ka ke …
T Leina la me ke …

E What is your surname?
A Wat is jou van?
X Ungubani ifani yakho?
Z Ungubani isibongo sakho?
N O wa ga mang?
T Sefane sa gago ke mang?

E My surname is …
A My van is …
X Ifani yam ndingu…
Z Isibongo sami ngingu…
N Ke wa ga …
T Sefane sa me ke …

E How old are you?
A Hoe oud is jy?
X Umdala kangakanani?
Z Uneminyaka emingaki?
N O na le mengwaga ye mekae?
T O na le mengwaga e mekae?

E I am … years old
A Ek is … jaar oud
X Ndine … minyaka ubudala
Z Ngineminyaka eyi … ubudala
N Ke na le mengwaga ye …
T Ke na le dingwaga tse …

E Where do you live?
A Waar woon jy?
X Uhlala phi?
Z Uhlalaphi?
N O dula kae?
T O nna kae?

E I live in …
A Ek woon in …
X Nidihlala …
Z Ngihlala …
N Ke dula …
T Ke nna kwa …

E Where are you going?
A Waar gaan jy heen?
X Uyaphi?
Z Uyaphi?
N O ya kae?
T O ya kae?

E I am going to …
A Ek gaan … toe
X Ndiya e …
Z Ngiya …
N Ke ya …
T Ke ya …

E Do you understand?
A Verstaan jy?
X Uyaqonda na?
Z Uyezwa na?
N Na o a kwišiša
T A o a tlhaloganya?

E I don't understand
A Ek verstaan nie
X Andiqondi
Z Angizwa
N Ga ke kwešise
T Ga ke tlhaloganye

E Wait a minute
A Wag net 'n minuut
X Khawume kancinane
Z Yima kancane
N Ema gannyane
T Ema go le gonnye

E What is the time?
A Hoe laat is dit?
X Ngubani ixesha?
Z Sekuyisikhathi sini?
N Ke nako mang?
T Ke nako mang?

E It is late
A Dit is laat
X Kusemva kwexesha
Z Isikhathi sesishayilo
N Nako e ile
T Nako e ile

E I must go now
A Ek moet nou gaan
X Mandihambe ngoku
Z Sekufanele ngihambe manje
N Ke swanetše go tloga bjalo
T Ke tshwanetse go tsamaya jaanong

E	I am busy
A	Ek is besig
X	Adixakekile
Z	Ngiyasebenza
N	Ke swaregile
T	Ke sa dira

E	I am sorry
A	Ek is jammer
X	Ndixakekile
Z	Ngidabukile
N	Ke kgopela tshwarelo
T	Intshwarele

E	I know
A	Ek weet
X	Ndiyazi
Z	Ngiyazi
N	Ke a tseba
T	Ke a itse

E	I don't know
A	Ek weet nie
X	Andazi
Z	Angazi
N	Ga ke tsebe
T	Ga ke itse

E	What is it?
A	Wat is dit?
X	Yintoni?
Z	Kuyini?
N	Ke eng?
T	Ke eng?

E	What happened?
A	Wat het gebeur?
X	Kwenzekeni?
Z	Kwenzenjani?
N	Go diregile eng?
T	Go diragetse eng?

E I am hungry
A Ek is honger
X Ndilambile
Z Ngilambile
N Ke swerwe ke tlala
T Ke tshwerwe ke tlala

E I am thirsty
A Ek is dors
X Ndinxaniwe
Z Ngomile
N Ke swerwe ke lenyora
T Ke tshwerwe ke lenyora

E May I have some water?
A Kan ek water kry?
X Ndingafumana amanzi?
Z Ngicela amanzi?
N Ke kgopela meetse a go nwa?
T A nka fiwa metsi?

E How much does it cost?
A Hoeveel kos dit?
X Ixabisa malini?
Z Kubiza malini?
N Ke bokae?
T Se ja bokae?

E It costs …
A Dit kos …
X Ixabisa …
Z Kubiza …
N E bitša …
T Se ja …

E Where can I phone?
A Waar kan ek bel?
X Ndingafona phi?
Z Ngigalushaya kuphi ucingo?
N Nka letša mogala kae?
T Ke kgona go letsa mogala kae?

E Are you sick?
A Is jy siek?
X Uyagula?
Z Uyagula na?
N A o a lwala?
T A o a lwala?

E I am ill
A Ek is siek
X Ndiyagula
Z Ngiyagula
N Ke a lwala
T Ke a lwala

E I want to see the doctor
A Ek wil die dokter spreek
X Ndifuna ukubonana nogqirha
Z Ngifuna ukuya kwadokotela
N Ke nyaka go bona ngaka
T Ke batla go bona ngaka

E Call the doctor
A Ontbied die dokter
X Biza ugqirha
Z Biza udokotela
N Bitša ngaka
T Bitsa ngaka

E How are you feeling?
A Hoe voel jy?
X Uziva njani?
Z Uzizwa unjani?
N O ikwa bjang?
T O ikutlwa jang?

E I feel fine
A Ek voel goed
X Ndiphilile
Z Ngiphila kahle
N Ke ikwa bokaone
T Ke ikutlwa sentle

E I am not feeling well
A Ek voel nie goed nie
X Andiziva mnandi
Z Angiphili neze
N Ga ke ikwe gabotse
T Ga ke ikutlwe sentle

E Where does it hurt?
A Waar is dit seer?
X Kubuhlungu ndawoni?
Z Kubuhlungu kuphi?
N O kwa bohloko kae?
T Go botlhoko kae?

E Go to the hospital
A Gaan hospitaal toe
X Yiya esibhedlele
Z Iya esibhedlela
N Eya sepetlele
T Eya sepetlele

E There has been an accident
A Daar was 'n ongeluk
X Bekukho ingozi
Z Kuvele ingozi
N Go diregile kotsi
T Go ne go na le kotsi

E Are you hurt?
A Het jy seergekry?
X Ingaba wenzakele?
Z Ulimele na?
N A o gobetše?
T A o utlwile botlhoko?

E Do not move
A Moenie beweeg nie
X Ungashukumi
Z Unganyakazi
N O se šuthe
T O se ke wa tshikinyega

E Please call the police
A Ontbied asseblief die polisie
X Nceda ubize amapolisa
Z Ngicela ubize amaphoyisa
N Anke o bitše maphodisa
T A o ke o bitse mopodisa

E Phone an ambulance
A Skakel 'n ambulans
X Fonela iambulensi
Z Shayela iambulense ucingo
N Leletša ampolanse
T Letsetsa emelense mogala

E I'll go and call him
A Ek sal hom gaan roep
X Ndiza kumbiza
Z Ngizoya ngiyombiza
N Ke tla ya go mmitša
T Ke tla ya go mmitsa

E You are under arrest
A Jy is onder arres
X Ubanjiwe
Z Uboshiwe
N O swerwe
T O tshwerwe

E Who is speaking?
A Wie praat?
X Ngubani othethayo?
Z Ubani okhulumayo?
N Ke mang yo a bolelago?
T Ke mang yo o buang?

E I have lost my way
A Ek het verdwaal
X Ndilahlekile
Z Ngedukile
N Ke timetše
T Ke timetse

E	Can you show me the way to …?
A	Hoe kom ek by …?
X	Ugandibonisa indlela eya …?
Z	Ngibuza indlela eya …?
N	A o ka mpontšha tsela ye e yago …?
T	A o kgona go ntshupetsa go ya …?